Al Amigo (a)

*Cuando el corazón
se convierte al bien,
la inteligencia se extiende hacia
el servicio noble y renovador.*

Joanna de Ângelis/D P.F.

DIVALDO PEREIRA FRANCO
(Psicografia)

JOANNA DE ÂNGELIS
(Espíritu)

LIBERACIÓN POR EL AMOR

CENTRO ESPÍRITA CAMINHO DA REDENÇÃO

2ª Edición

2012

© 2009 – Centro Espírita Caminho da Redenção
2ª Edición (300 ejemplares) De 800 al 1100 millar
Traducción del original en portugués *Libertação pelo Amor*

Traducido por: Julia A. Ferraro
Revisión: Gustavo N. Martínez
Edición electrónica: Ailton Bosco
Tapa: Thâmara Fraga
Supervisión editorial: Sérgio Sinotti

Coordinación gráfica: Livraria Espírita Alvorada Editora
    Rua Jayme Vieira Lima, nº 104 – Pau da Lima
    CEP: 41325-000 Salvador – Bahia – Brasil
    Telefax: (+5571) 3409-8310/8311
    E-mail: leal@mansaodocaminho.com.br
    Homepage: www.mansaodocaminho.com.br

Datos Internacionales de Catalogación en la Publicación(CIP).
Catalogación en la Fuente
BIBLIOTECA JOANNA DE ÂNGELIS

F 895	FRANCO, Divaldo Pereira (1927) *Liberación por el Amor* – Por el Espíritu Joanna de Ângelis [psicografiado por] Divaldo Pereira Franco. Salvador: Livraria Espírita Alvorada Editora, 2. ed, 2012. p. 184. ISBN: 978-85-61879-22-8 1.Espiritismo. 2. Psicografía I. Franco, Divaldo Pereira II. Título CDD: 133.93

SUMARIO

Liberación por el Amor

A pesar de las incomparables conquistas de la Ciencia y de la Tecnología contemporáneas, el paisaje humano prosigue marcado por dolores lamentables que se convierten en espectáculos de prolongada agonía.

El planeta terrestre agoniza, acomodando las placas tectónicas que chocan entre sí y que desencadenan terribles *tsunamis* que siembran la destrucción generalizada, segando decenas de millares de vidas, mientras volcanes y tornados, tempestades, incendios y tifones, devastan la superficie de la Tierra, y modifican su forma.

Sutiles alteraciones en su eje y el rápido calentamiento polar producen angustiosos efectos en su población, especialmente a los habitantes costeros, al tiempo que las avalanchas sobre los mares y océanos levantan olas altísimas que arrasan con todo cuanto encuentran a su paso.

Ha sido posible detectar algunos de esos flagelos cuando estaban por producirse, a través de instrumentos muy sofisticados, auxiliando a la evacuación de las áreas en peligro, pero sin poder impedir que se produzcan.

Esos fenómenos son necesarios para la evolución física del planeta, que también hace sutil su estructura y mediante esas catástrofes, facilitan el progreso espiritual de los seres que lo habitan.

Las aflicciones morales, simultáneamente, alcanzan niveles elevados, mientras que el crimen y la violencia de todo jaez transmiten más sufrimientos e inquietudes a las personas aturdidas.

Sociólogos y psicólogos, antropólogos y teólogos se unen a fin de encontrar soluciones seguras para los graves problemas que asolan a la Humanidad, permaneciendo casi imposibilitados, sin conseguir disminuir la magnitud de los horrores que abaten a los individuos, los grupos sociales y las naciones.

Los monstruos de las revoluciones armadas y de las guerras de exterminio prosiguen con sus fauces abiertas, devorando innumerables vidas, sometiendo diferentes culturas y países a sus terribles destino, mientras el ser humano, sin posibilidad de revertir la situación, padece de ansiedad y miedo.

Asimilando los conflictos que se producen continuamente y que parecen imposibles de ser aplacados, avanza triste o desvariado en dirección a ninguna parte.

La soledad y la falta de respeto a la vida, bajo los diferentes aspectos en que se presenta, predominan entre los comportamientos patológicos, mientras las exageradas ambiciones amenazan a la flora y a la fauna valiéndose de medios inadecuados.

Todo esto acontece, por lo tanto, porque el derrotero del amor fue olvidado, dando lugar a la preeminencia del egoísmo y sus secuaces.

En consecuencia, Dios, el Espiritismo y el deber, se encuentran en un plano secundario entre los objetivos que se pretende alcanzar durante el periplo carnal.

Más de seis mil años de cultura, de ética y de civilización se encuentran abandonadas, frente al desatino de los ciudadanos que perdieron la conciencia del deber.

Indiscutiblemente, una terrible fuerza atrae a las multitudes que se le entregan indefensas, conspirando contra todos los valores de dignificación que antes eran considerados legítimos.

Las religiones están muy difundidas; atrincheradas en los establecimientos de su poder económico, los partidos políticos pelean entre sí; los conflictos sociales aumentan las crisis de relación y las personas mentalmente perturbadas cultivan la apología del crimen, del retorno de los gobiernos arbitrarios e indecentes, trabajando en favor del caos, sin tener conciencia de lo que hacen.

La Tierra, madre generosa, experimenta el clímax de su transición desde un mundo de pruebas y expiaciones hacia un mundo de renovación.

A ese respecto, el sermón profético de Jesús, escrito por el apóstol Marcos, en el capítulo trece de su Evangelio, se refiere a los acontecimientos terribles que están sucediendo y que en la actualidad, alcanzan niveles culminantes y casi intolerables.

A su vez, también el apóstol Juan, en su Apocalipsis, detalla los acontecimientos que precederán al surgimiento de la Nueva Jerusalén simbólica, considerando que ese será el pórtico de la Nueva Era, marcado por dolores incomprensibles.

...Y el Espiritismo, fiel a las enseñanzas de Jesús, desde su nacimiento anuncia la hora de la grande e inevitable transformación del planeta, tal como viene aconteciendo.

Todo podría suceder dentro de otro clima, si el amor fuera vivenciado en su condición de derrotero de la felicidad general.

No es de extrañar, pues, la pesada carga de aflicciones que recae sobre la sociedad terrestre.

El amor, no obstante, dispone de recursos valiosos para enfrentarse a las situaciones penosas que se agigantan en este momento.

El amor es de naturaleza sublime.

Quien lo cultiva, se libera.

Quien lo ignora, se esclaviza.

Mientras tanto, los hombres y mujeres, distraídos, insisten en ignorar las graves advertencias, y se sumergen en los vapores de las ilusiones, a fin de huir de la responsabilidad y de los compromisos que les competen, anestesiando la razón y enajenando el cuerpo en los placeres agotadores y huidizos.

Con la misma amplitud de los sufrimientos desencadenados, surgen para superarlos los panoramas de insensibilidad moral y espiritual, que inducen a las multitudes enloquecidas en dirección a los abismos devastadores...

Muchos de los sorprendentes acontecimientos de angustia actuales son consecuencia de esa alucinada carrera a cualquier precio hacia el placer decepcionante.

Ríos de lágrimas corren sobre los cadáveres sin sepultura, mientras torrentes de sudor se deslizan por los cuerpos febriles entregados al sexo y a la embriaguez de los sentidos.

A pesar de esa voluptuosidad, en la cual se mezclan gestos de agonía con sonrisas de locura, los designios divinos se cumplen con incuestionable orden, preparando el mundo mejor del mañana.

...¡Y dirigiendo la gran embarcación terrestre por los espacios infinitos se encuentra a Jesús!

❖

Dedicamos este modesto libro a la liberación del ser humano a través del amor.

En sus páginas, presentamos reflexiones sobre la salud integral, el bienestar superior, la alegría inefable, la felicidad real bajo la dirección del amor.

Tales pensamientos son el resultado de extensos análisis y meditaciones a los que nos entregamos, estudiando la conducta de los seres humanos frente a los acontecimientos que se presentan durante estos días.

No alimentamos veleidades literarias ni pretendemos solucionar los problemas que a cada cual le corresponde tener en cuenta; por el contrario, nos alientan los sentimientos de compasión y de solidaridad que ofrecemos a todos aquellos que nos concedieron el honor de leer nuestro texto, proponiéndoles soluciones simples, respuestas sinceras y terapias prácticas, para que se obtenga la libertad interior en relación con el mal íntimo y con los males que agraden exteriormente.

Auguramos al apreciado lector armonía espiritual y éxito en la travesía carnal en que se encuentra, y rogamos al Señor de la Vida que nos bendiga con Su amor que libera.

Salvador, 17 de enero de 2005.
Joanna de Ângelis

1

La Hora del Testimonio

Sentías que la daga de la prueba luminosa caería sobre ti, segando las alegrías y expectativas de paz que arrullabas con ternura y ansiedad.

Íntimamente sabías que el dolor llegaría hasta las regiones de tu alma, conduciéndote hacia inenarrables sufrimientos.

Percibías que nubes borrascosas se acumulaban en el cielo de tus esperanzas.

Caminabas con paso firme, no obstante, advertías que el suelo por donde avanzabas, muchas veces era intransitable.

Cantabas la melodía de la vida a los oídos del corazón y no pocas veces, el murmullo de la perversidad de algunos trastornados llegaba al centro de tus sentimientos, anunciándote horas patéticas.

Proseguías con entusiasmo, a pesar de observar la obstinación de los enemigos gratuitos conducidos telepáticamente por las Fuerzas del Mal, que aún dominan el mundo.

Desesperados ante tu perseverancia en el Bien, tenían que silenciar tu voz, herir tus sentimientos, desmoralizarte, para que de esa forma, tu mensaje no fuese más que una ilusión o una mentira, sin llegar jamás hasta las aflicciones que debían ser atenuadas.

Construyeron un plan desesperado: te crucificarían en el madero de la propia abnegación, volviéndote despreciable.

Cuando la traición alcanzó la etapa astuta del mundo, tus enemigos se alegraron y comenzaron a festejar el éxito de su perverso emprendimiento.

Ahora, aguardan por los resultados odiosos de su trama, apoyados por algunos que, por diferentes motivos, no sintonizan contigo y te ven como competidor de sus ambiciones.

No te acobardes ante la lucha grandiosa del amor y la verdad que heredaste del Crucificado sin culpa.

Si a Él, a quien amas e intentas seguir, Le hirieron el alma, Le amargaron las horas, Lo sujetaron al madero de la infamia, ¡¿qué no te harán a ti esos mismos instrumentos de la locura que avasalla la Tierra?!

No te puede sorprender la invitación al testimonio.

En tu condición de seguidor del Incomprendido de los milenios, experimentar la amargura y la crueldad con que Lo hirieron debe ser para ti un honor que te señalará tu futuro con las condecoraciones en forma de cicatrices impresas en los tejidos delicados del alma.

Es comprensible que sufras, pero también dispones del consuelo del conocimiento para no sucumbir en la amargura o guardar resentimiento alguno.

Tus perseguidores son los benefactores de la jornada.

Como no conseguiste atraerlos hacia el círculo de tu amistad, ámalos a la distancia y otórgales el derecho de no simpatizar contigo.

Quien ama a Jesús se ve dignificado por Su presencia. Por ello, Su señal en aquel que Lo sirve es el testimonio de fidelidad y de compañerismo.

❖

No fue un extraño al Maestro, aquél que lo traicionó, vendiéndolo miserablemente a Sus enemigos.

No fue un desconocido el que Lo negó tres veces consecutivas.

No fueron corazones desconocidos los que Lo abandonaron.

Todos ellos convivían con Su Presencia, participaban del banquete de Su amor, oían la sinfonía de Su voz, soñaban con conquistar junto a Él el Reino de los Cielos. No obstante, eran criaturas frágiles como tú y tus enemigos, que dieron lugar a las insinuaciones de la ignominia, a las acciones para exterminar el Amor. No disponían de reservas morales para los combates que deberían enfrentar y en el primer ataque cayeron inermes bajo las redes de la locura.

De esta manera, ten en consideración a los que ahora te ultrajan y no les temas, no te lamentes por ellos ni te disgustes en relación con las actitudes que adoptaron.

Tú conoces al Maestro y ellos tal vez no tengan aún una relación más profunda con Él; sólo utilizan Su nombre para proyectar su propia imagen atormentada.

Tú elegiste la inusual virtud de permanecer junto a Él, mientras tus opositores, sintiéndose imposibilitados de hacer lo mismo, te hostilizan, despedazan tu existencia, afligen tus horas, se ríen a carcajadas…

Se encuentran presos del salario de la alucinación a la que se entregaron de buen grado, y aún no se dieron cuenta de lo que están haciendo.

Su gloria es semejante a la niebla que el sol de la verdad disipará. Es idéntica a la victoria de Pirro,[1] insignificante.

De esta manera, prosigue cantando el Evangelio, y no te faltarán almas que escuchen tu melodía.

Vive a Jesús en Su calvario, y atraerás a muchos que anhelan los ejemplos de fe y de coraje, a fin de que se transformen y se entusiasmen para proseguir en la lucha.

En el fragor de la batalla, agradece a Dios la dádiva sublime de poder demostrar que tú eres el amor de la fidelidad al ideal que abrazas y al cual entregaste tu existencia.

En realidad, este es un testimonio liviano y transitorio, porque las alegrías que resultan del acto de servirlo exceden las demostraciones de amargura y antipatía que te ofrecen los desdichados que sonríen ante tus dolores...

Nadie transita en el mundo sin la oportunidad bendita de la reparación. Hoy es tu día de resurgimiento moral, de armonía espiritual.

Luego será el turno de los otros, hacia los cuales podrás extender tus manos amigas con el objeto de ayudarlos.

Feliz es todo aquel que rescata, que asciende con los pies heridos y el corazón encendido de amor, para alcanzar los caminos de la Inmortalidad.

Aprovecha los momentos de soledad y de oración para proveerte de paz, enriquecerte de compasión, conseguir niveles de conciencia más elevados.

...Y mientras más vigorosos sean los imperativos del escarnio y el desprecio a que seas sometido, regocíjate más con la oportunidad.

La victoria es verdadera sólo cuando la batalla ha concluido.

Sin la crucifixión no se producirá la resurrección.

Sin sacrificio no hay verdadera gloria de servir.

Regocíjate, pues, al dar cumplimiento a tus deberes de esparcir la luz por donde transites e irás diluyendo las sombras que otros dejaron en los caminos.

Tu tarea es la de sembrar astros luminosos. Realízala, de ese modo, sin descanso ni enfado.

Un día, que no está lejos, cuando seas arrebatado por la desencarnación, recorrerás los ríos invisibles del Infinito y verás la Vía Láctea fulgurante que dejaste en el pasado.

Los grandes mártires nos señalaron el camino a seguir.

Abrazando sus ideales de engrandecimiento humano y espiritual de la Tierra, nunca se detuvieron a recibir elogios o glorias ilusorias. Trabajaban para el futuro y sabían que en su tiempo, no había lugar para ellos. Insistieron y perseveraron, reedificando un mundo mejor para aquellos que vinieron después.

Sin la ambición de ser alguien que ilumina la Humanidad, alégrate por la oportunidad de ofrecer tu cuota de amor, preparando el futuro de aquellos que vendrán más tarde, y que con certeza volverás a estar junto a los que hoy te exigen el testimonio y te crucifican...

---

[1] **Pirro II**: *(318-272 a.C.) Rey de Epiro, célebre por la frase que pronunció luego de su último triunfo: "Con otra victoria como ésta estoy perdido". (N.T.)*

2

ENEMIGO TRAICIONERO

Fuiste censurado por la infamia capciosa y como te refugiaste en la oración, conseguiste superarla sin consecuencias.

Probaste el escarnio de aquellos que subestimaron tu valor; mientras tanto, perseveraste en los ideales de ennoblecimiento y venciste el desafío.

Soportaste la enfermedad que te consumía, no obstante, mantuviste un pensamiento optimista y cuidándote sin cesar, atravesaste el período de debilidad hasta recuperar la salud.

Recibiste heridas morales, promovidas por los adversarios envidiosos que deseaban competir contigo y porque no ambicionabas sobresalir en el mundo, permaneciste incólume a las agresiones.

Fuiste acechado muchas veces por la tentación de la ira, de la amargura, de la rebeldía; sin embargo, reflexionando respecto a los elevados objetivos acerca de la existencia, no te detuviste en las sinuosidades de la inferioridad, y avanzaste con alegría.

Algunos compañeros precipitados, proclamaron tu caída, tu deserción del Bien, sin embargo, permaneciste imperturbable, y ellos te odiaron, sin que eso te afecte.

Fustigaron tus sentimientos a través de diferentes artimañas, pero como te encontrabas con la mente colmada de idealismo y el sentimiento pleno de entusiasmo no fuiste alcanzado por el mal que te rondaba.

Recibiste la ingratitud de los comensales de tu afectividad, no obstante, despojado de los intereses de recompensa de cualquier tipo, que no te hacen falta, seguiste adelante sin lamentar su alejamiento.

Sentiste la soledad y fuiste impulsado al silencio, por circunstancias penosas, entre tanto, al sintonizar con las Esferas Superiores, oíste las voces de los Cielos y sentiste la compañía de los Benefactores espirituales, para dar continuidad al trabajo.

Intentaron perjudicar tu nombre con el objeto de dificultar tu acceso a los corazones; a pesar de ello, tus testimonios de dignidad superaron las informaciones incorrectas y falsas, ampliando en más alto grado tu horizonte lleno de construcciones morales.

Tejieron redes de acusadores obsesionados contigo, perturbados por la idea fija de impedir tu avance, y como no dejaste de actuar y de servir, esos enemigos de tu paz sufren al verte imperturbable en el cumplimiento del compromiso contraído con Jesús.

En todas las situaciones dolorosas lograste mantener la entereza moral, superándote a ti mismo.

Como tu vínculo es con Jesús y no con las personas, todo cuanto te hagan, evidentemente no te afectará, si eres perseverante, porque Él te defiende de todo mal que no esté establecido por la ley de Causa y Efecto.

En la lucha se forjan los héroes y los santos, los mártires y los abnegados constructores de la Humanidad feliz.

Nunca temas ni te fatigues con defensas injustificables como innecesarias, pues estás predestinado a la conquista del Infinito...

❖

La situación en que te encuentras ahora es muy distinta, más grave que las enfrentadas hasta ahora, porque es sutil, casi desapercibida.

Estás siendo carcomido interiormente como una termita devoradora, oculta en la esencia de la madera, perdiendo valiosas energías y fuerzas.

Traicionero, ese enemigo cruel sigue tus pasos hace mucho tiempo, siendo siempre rechazado con tenacidad.

Ahora tal vez, porque te sientas cansado, como es natural, lo descubres invadiendo las regiones de tus sentimientos y apoderándose de tu entusiasmo.

Se trata del desánimo, ese enemigo enigmático y torpe.

Ten cuidado y redobla la atención para con él.

Bajo ningún pretexto le des oportunidad de albergarse en tu mundo íntimo.

Él ha sido el responsable de la deserción de muchos obreros del progreso, que se sintieron sin estímulos y desistieron de luchar.

Al comienzo no se percibe su apariencia destructiva, porque se presenta como fastidio, y de inmediato se transforma en indiferencia, para convertirse por fin en abatimiento, y fuga de las responsabilidades.

Enfrenta la situación con voluntad férrea, alegría de vivir e interés para concluir el trabajo iniciado.

Si tus energías disminuyen, renuévate a través de la oración, para sumergirte en el océano de fuerzas bienhechoras que lo envuelven todo.

De inmediato, busca la meditación, analizando la transitoriedad de todos los fenómenos, apartando las causas externas, para constatar así que no vale la pena desperdiciar el tiempo en problemas de importancia secundaria.

Ten en mente que estos momentos también pasarán, como se diluyeron otros de alegrías y de tristezas, aguardando el porvenir.

En caso de que el clima pestilente persista, considera las aflicciones de tu prójimo, a quien puedes ayudar, y aléjate de la cárcel asfixiante del desánimo hacia la libertad de servir.

Entonces respirarás el oxígeno de la caridad, y de inmediato te sentirás renovado.

Así pues, ama y auxilia en cualquier situación que se te presente.

Comenzar actividades es muy fácil, mantenerlas es más difícil, y concluirlas es el desafío que la reencarnación nos propone a todos.

Jesús señaló con mucha propiedad y sabiduría que todo es posible para aquél que cree, que se esfuerza y no cesa de luchar.

Comprométete más con los objetivos abrazados y persevera durante las épocas buenas y las malas.

La victoria solamente puede ser celebrada cuando la lucha ha concluido y la tarea se cumplió.

Bajo la inspiración de Jesús, persevera y cree en los resultados superiores de los esfuerzos de tu actual existencia, y conseguirás alcanzar la meta.

¡Desanimarte, jamás!

3

FRAGILIDAD HUMANA

Sorprendido, te preguntas, ¿cómo es posible que Judas, que convivió con la dulce ternura del Maestro, que participó del banquete festivo de la Buena Nueva, prevenido, orientado, y sea cual fuere el justificativo que se invoque, Lo traicionó, entregándolo a Sus enemigos?

Ciertamente, Judas Lo amaba, a su modo porque había renunciado a los compromisos anteriores con el fin de seguirlo, pero a pesar de todo no pudo soportar las presiones de las Entidades perversas que lo asediaban, llevándolo a la ruina.

Cuando se dio cuenta de la deshonestidad practicada, fustigado por la debilidad de carácter, en vez de enfrentar las consecuencias del acto infame, optó por la fuga cobarde a través del suicidio cruel.

Desalentado, te preguntas, ¿cómo es posible que Pedro, que había recibido la responsabilidad de apacentar a Sus ovejas, que con Él convivió en la intimidad, acompañando Sus momentos de sublimación en el Tabor y de abnegación en todas partes, pese a que fue advertido con toda claridad, pudo negarlo tres veces consecutivas?

En las playas y en el mar de Galilea, que eran su cuna y su vida social, comercial, humana, participó de Sus elevadas propuestas acerca del Reino de los Cielos, cuyos cimientos estaban erigiéndose en los corazones, acompañó los fenómenos incomparables de Su condición de Hijo de Dios, y a pesar de todo, se convirtió en víctima de la debilidad moral que no pudo superar.

No obstante, inmediatamente después, se dio cuenta de que en el momento más relevante de su existencia, había fallado.

Te preguntas, aturdido, ¿cómo es posible que aquellos amigos que fueron elegidos como miembros de Su colegio de amor y de misericordia, que oyeron la sinfonía espléndida de las Bienaventuranzas, que con Su intervención fueron testigos de las curas repentinas de los portadores de diferentes enfermedades, que Lo vieron reprender a los vientos y a las olas durante la tempestad en el mar, pudieron abandonarlo a partir del momento de la traición, sólo con excepción de Juan?

Habían sido invitados con infinito amor y aceptaron el desafío, Le habían presentado todas sus dudas, Le solicitaron las orientaciones necesarias para la entrega de sus existencias, renunciaron a las comodidades y a la convivencia en el hogar, con la familia, en el grupo social; no obstante, en el momento supremo, cayeron en la cobardía, abandonándolo a su propia suerte.

Todos estaban esclarecidos y eran conscientes de que la jornada con Él estaba hecha de aflicciones y de soledad. En ningún momento, Él los estimuló con la esperanza de la felicidad en el mundo, de glorias terrenas, de regocijos en el poder. Siempre fue sincero y claro con ellos, algunas veces fue enérgico y firme, a fin de robustecerlos para la gran lucha; en la intimidad, les habló de las esperanzas y alegrías inefables que vendrían después de la existencia corporal; a pesar de todo, no tuvieron valor moral para seguirlo.

Sucede que el mundo físico es también sinónimo de ilusión, de sueños, de incertidumbre.

Por todo lo que ellos conocían, deberían haber estado organizados con invencible coraje, sin embargo, no tuvieron condiciones para ser merecedores de la palma de la victoria sobre la inferioridad moral, por lo menos en ese momento del gran testimonio.

Más tarde, sí, todos se entregaron al amor y a la gloria de servirlo, redimiéndose de la debilidad humana.

Invitado, como te encuentras, para restaurar los postulados sublimes de Jesús, en estos momentos de valores controvertidos y enfermos, no esperes comprensión ni fidelidad por parte de los amigos que comparten los ideales que te ennoblecen.

Probablemente, todos desearían entregarse al ministerio de esclarecimiento de conciencias, brindando sus mejores recursos y su más honesta dedicación para que los objetivos anhelados se hagan realidad.

Cada persona, no obstante, tiene su propio programa de evolución, en razón de las conquistas y equivocaciones del pasado que le señalará su trayectoria terrestre.

Algunos, sin embargo, complacidos con el Evangelio despojado de fantasías y supersticiones, tal como lo revela el Espiritismo, aún se encuentran ligados a los intereses temporarios del placer, la fama, el poder, y no están dispuestos a renunciar a todo lo que los fascina.

Otros, igualmente esclarecidos para participar del banquete de la Nueva Era, se encuentran comprometidos con los deberes familiares, sin valor para liberarse de las exigencias del hogar, refugiándose en ese mecanismo de defensa para permanecer en la comodidad.

Muchos, herederos de situaciones lamentables de otras existencias, sintiéndose fracasados en los sectores sociales a los que se vincularon, ven en la programación liberadora la oportunidad de mantener el poder, de destacarse a cualquier precio, de disputar lugares y privilegios, de vencer a los demás, que consideran sus adversarios…

Varios, aún vinculados a las pasiones negativas en las que se complacen, envidian a los luchadores, sienten celos por los trabajadores dedicados, entregándose a sistemáticas campañas de desmoralización de sus existencias, estropeando de esta manera su nobles realizaciones.

Son las debilidades humanas que predominan en ellos.

No consiguen superar las tendencias inferiores que los mantienen en una situación deplorable.

Tal vez les gustaría estar a tu lado, ser como tú, luchar con tu coraje, mientras tanto, no se esfuerzan por conseguirlo, y optan por permanecer en el plano que los paraliza.

Si sufres abandono, enfrentamiento sistemático, su persecución enfermiza, su antipatía gratuita, su odio irracional, no te angusties al sintonizar con la onda de su pusilanimidad.

Mantente coherente con tu creencia y sé fiel a tu ideal.

Ya que ellos desean permanecer donde se encuentran, no insistas, no te lamentes por ellos, no te detengas.

¡Sigue adelante!

Debes realizar la tarea que aceptaste del Maestro sin discusión, que ha sido un factor de alegría en tu actual existencia, sin obligar a nadie a seguir contigo ni a auxiliarte en tu derrotero.

❖

Si en algún momento estuvieras a punto de desfallecer ante las difíciles circunstancias, las persecuciones y la soledad, envuélvete en las dulces vibraciones de la plegaria, recuperando las energías y el deseo de avanzar sin demora.

Inmediatamente, recuerda a Jesús con el madero sobre los hombros heridos, cayendo varias veces y levantándose otras tantas, sin censurarlos, sin buscarlos en medio de la multitud, que una semana antes Lo aplaudía durante Su entrada a Jerusalén y ahora Lo insultaba.

Estás formado del mismo material humano que las demás personas; transforma tus flaquezas en valor moral, y sé fiel a Aquél que te ama desde el comienzo de los tiempos y que prosigue contigo, esperando tu decisión de entregarte totalmente a Él.

4

Dolores Excesivos

Te quejas por el peso del fardo moral que cargas sobre tus hombros frágiles, y olvidas que Dios no sobrecarga a nadie en demasía. Siempre otorga los sufrimientos necesarios de acuerdo con las resistencias que cada uno posee.

Observas dificultades allí donde se manifiestan oportunidades de crecimiento interior, porque te encuentras fatigado por los testimonios constantes, olvidándote de que el árbol crece silenciosamente, aunque al caer provoque un gran estrépito.

Te consideras víctima de acontecimientos destructivos y continuos, cuando ellos, en realidad, representan circunstancias necesarias para tu avance espiritual desde el momento en que te propusiste ser candidato al emprendimiento esclarecedor.

Por cierto, permanecer fiel al deber cuando los otros lo abandonan o mantener la confianza en los momentos en que las circunstancias se presentan menos favorables, constituyen un esfuerzo muy significativo. Mientras tanto, el carácter de una persona se mide por los valores dignificantes que lo engalanan.

El individuo común, que prefiere avanzar perdido entre la multitud, en la frivolidad, desempeñando el papel de oportunista y aprovechador, no enfrenta ese tipo de desafíos. No obstante, experimenta otros conflictos perturbadores, porque nadie se encuentra en la Tierra en posición de privilegio, como quien realiza un agradable paseo al país de la fantasía.

Quien se engaña con la existencia terrena despierta de todos modos, tarde o temprano, al ser convocado para enfrentarse con el proceso de la evolución.

De ese modo, acumula experiencias libertadoras a través de los aparentes fracasos y de los continuos tributos de lucha y de comprensión a la existencia corporal.

Hacia donde dirijas tu mirada encontrarás interminables batallas por la supervivencia, por la afirmación de los valores más nobles, lo mismo que en las rudas refriegas del instinto en camino hacia la razón.

En los reinos vegetal y animal, el depredador siempre sigue a su víctima, que elabora mecanismos para salvarse, adaptándose al medio ambiente, cambiando de forma, ocultándose.

No obstante la victoria de la herencia ancestral para la preservación de la vida, los seres de esos reinos sucumben ante el ser humano, que aplica su inteligencia para la obtención de instrumentos que superan sus habilidades, venciéndolos continuamente.

A pesar de ello, los que sobreviven mantienen prodigiosamente el milagro de la vida en actividad.

El vendaval amenaza al árbol altanero, que se dobla para dejarlo pasar o sufre el azote destructivo, para luego erguirse nuevamente y proseguir victorioso en el menester que le fue asignado.

El barro se somete al alfarero, tolera las altas temperaturas y mantiene la forma que le fue conferida.

El suelo es surcado y sacudido en todas partes, para que proporcione la germinación de las simientes.

Los metales se funden, con el fin de obtener nuevas formas que embellecerán al mundo.

Todo es renovación continua, como consecuencia de las imposiciones de evolución.

❖

Si le preguntaras a la semilla cuanto sufre en las entrañas profundas de la tierra, a fin de que pueda liberar la vida que en ella está dormida, si ella pudiera, te respondería que el miedo, la angustia y la opresión forman parte de todas sus horas hasta el momento en que los retoños reciben la luz del Sol y logran el objetivo para el que están destinados

Si le preguntaras al triunfador cómo hizo para alcanzar el podio de la victoria, él te relataría los innumerables sufrimientos que tú nunca padeciste, pero que él superó con alegría, teniendo en cuenta la meta hacia donde dirige sus pasos.

Si interrogaras al Sol cómo puede mantener un cortejo de astros a su alrededor, si él dispusiese de los medios para explicarte, te contestaría que transforma su masa en energía constante, consumiendo un promedio de cuatrocientos veinte millones de toneladas por segundo.

En todas partes el esfuerzo enfrenta la lucha, que se impone como una necesidad para la transformación y el progreso.

Quien se resiste al esfuerzo permanece paralizado, y el que huye de la batalla del crecimiento, se asfixia en la ociosidad.

No te aflijas pues, por los enfrentamientos necesarios, y jamás sobrestimes las circunstancias que te parecen dolorosas.

Siempre existirá alguien más oprimido que tú. Tal vez porque no se queja y no conoces su desdicha, tienes la impresión de que tus sufrimientos son los únicos y más importantes que los de los demás.

Hay muchos corazones crucificados que desfilan por tus senderos e ignoras completamente lo que les sucede.

Éste, en el cual te encuentras, es un mundo de pruebas y expiaciones; por lo tanto, es un hospital de almas, un taller de reparaciones, una escuela de perfeccionamiento.

Es natural que así sea, pues gracias a esos fenómenos, no siempre agradables, alcanzarás las estrellas.

¡¿Quién podría imaginar que el Rey Solar tiene que sufrir tanto, para demostrar Su amor por nosotros?!

Si el Maestro, que es todo amor y misericordia, pureza y perdón, aceptó con comprensión los testimonios aterradores para demostrarnos Su grandeza, ¿cuál será la cuota reservada a cada Espíritu que transita en la retaguardia, para que alcance el triunfo durante su proceso de perfeccionamiento?

No reclames ni te consideres abandonado por la suerte.

Hoy cosechas lo que sembraste hace mucho tiempo.

Ahora permítete una siembra diferente con relación al futuro, de manera que puedas liberarte de los dolores acuciantes de este momento, logrando alegrías y bendiciones jamás imaginadas.

Tranquiliza, de ese modo, las críticas infelices, con el corazón tranquilo, supera el pesimismo y la amargura, y podrás entrever mejor los acontecimientos que te rodean, gracias a los cuales alcanzarás la plenitud.

De este modo, no te permitas la auto conmiseración ni ningún conflicto perverso de cualquier naturaleza; entrégate a Jesús y confía en Él en forma irrestricta y terminante, pues Él cuidará de ti.

❖

Tu actual existencia está programada para el éxito. No caerás más en las sombras de donde procedes, si insistes en empaparte con la clara luminosidad del amor de Dios.

Reflexiona mejor y con mayor madurez, y así experimentarás alegrías y bienestar en tu camino, a pesar de algunas dificultades naturales que todos deben enfrentar.

Alégrate por ser incomprendido, por estar en la zona de la superación en medio de las adversidades y amarguras, porque la compensación divina es siempre el resultado del grado de esfuerzo desarrollado por el ser humano durante la trayectoria de progreso.

5

Entregado a Dios

Son muchos los corazones que padecen sufrimientos y que no disponen de las mismas resistencias que tú, preguntándose cómo consigues avanzar sin detenerte, a pesar de las rudas contiendas con que tropiezas.

Ellos se consideran débiles, impulsados a desistir de la lucha, tan pronto como se presentan los disgustos, el cansancio, la rutina del sufrimiento, las insinuaciones del mal.

Tal vez, les agradaría seguir adelante con el entusiasmo que te caracteriza. Mientras tanto, invierten mucho tiempo en la queja y en el resentimiento contra las circunstancias más difíciles o las personas más intransigentes o más perversas que se complacen en afligir a los demás.

Por eso se desaniman con rapidez. Acostumbrados a la monotonía del conformismo con lo que consiguieron, perdidos en la neblina de la ignorancia, aguardan una existencia de facilidades, de comodidades, de placer.

Prefieren no creer en la imperiosa necesidad del crecer hacia Dios y la vida, aceptando la indolencia o la ostentación como únicos recursos para transitar por la existencia física.

Toda vez que son invitados a realizar cambios que se tornan impostergables en el proceso de la evolución, despiertan repentinamente, reaccionan, se lamentan, se consideran infelices, suponiendo que las demás personas viven en un sistema de excepción, desconociendo las penas y las lágrimas de los testimonios impuestos por el crecimiento intelectual y moral.

El río caudaloso socava su propio lecho, por donde se moviliza en dirección al mar.

El desfiladero es el resultado de las aguas y de los vientos que lo surcaron durante milenios, otorgándole formas especiales e impresionantes.

Todo cuanto existe en el mundo es el resultado del laborioso trabajo de los mecanismos de la vida.

Lo mismo ocurre con el ser humano.

A fin de que pueda alcanzar las estrellas brillantes, debe transitar por el valle de las sombras, superando las cumbres más elevadas hasta alcanzarlas.

No existen concesiones evolutivas que no sean el resultado de luchas normales y continuas.

En el mundo, todo obedece a una planificación superior muy bien programada, que se presenta mediante reglas de equilibrio y de justicia, proporcionando a todos las mismas oportunidades y realizaciones.

Por eso, la reencarnación es la metodología especial para proporcionar el aprendizaje y la experiencia de los valiosos procesos de purificación moral.

En caso de que fuera diferente, las motivaciones para el desarrollo interior y la conquista de la plenitud darían lugar a una tediosa marcha en dirección a casi nada.

De esta manera, el dolor visita a todos, invita a unos a las experiencias reparadoras del pasado, a otros les da la oportunidad del crecimiento espiritual o les abre las ventanas hacia el Infinito, con el propósito de otorgarles el conocimiento de la verdad que libera y del amor que sublima los sentimientos.

❖

La firmeza que demuestras ante los ineludibles testimonios son el resultado de tu entrega a Dios, dejando que Él te conduzca con firmeza y sabiduría, tal como viene sucediendo.

Siempre haces tu parte, y la que no afrontas porque es superior a tus valores mentales y morales, dejas que sea realizada por Él.

Ante todos los trances, sabes que ellos significan verdaderas bendiciones, y acéptalos con resignación decidida, sin permanecer en la lamentación ni entregarte al desánimo.

En tu convivencia con Dios ya percibiste que Él siempre se mantiene vigilante y laborioso, proporcionándote los recursos superiores a tu capacidad actual de realización.

Por eso avanzas siempre rumbo a la Gran Luz.

Los otros, aquellos que anhelan las facilidades y desean cosechar en el terreno que aún no sembraron, se encuentran privados de esa confianza absoluta y dignificante que depositas en el Padre.

Hasta les agradaría creer más. Pero son víctimas de los conflictos que producen, a fin de poseer elementos que justifiquen su fuga de la realidad.

Prefieren permanecer sentados en el plano infeliz de la lamentación y de la queja, cuando podrían activar los tesoros de la voluntad y de la inteligencia, del trabajo y del coraje que todos poseen en germen y romper la niebla que obstaculiza su visión, dificultando su entendimiento y las realizaciones que favorecerían el progreso.

Continúa, de este modo, en tu postura de entrega a Dios.

El Padre Amantísimo, que vela por la belleza de las aves de los cielos y por su alimento, por la blancura de los lirios y su perfume, que a todos provee, no te dejaría de socorrer, sean cuales fuesen los motivos que se interpongan entre tú y Él, motivando dificultades.

Gracias a tu confianza en la justicia de las Leyes Soberanas, los dolores más acuciantes y los desafíos más perturbadores se vuelven más pequeños de lo que pueden parecer, permitiéndote enfrentarlos con naturalidad y cierta alegría interior.

No ignoras que con cada conflicto vencido alcanzas un nivel de mayor elevación que el anterior.

Ese proceso proviene del sufrimiento bien aceptado o del amor vivido con abnegación.

Por lo tanto, las dos vertientes para la felicidad son: el dolor que regenera, liberando del caos en que cada uno se arrojó, y el amor que santifica, erigiendo las emociones libertadoras.

No obstante, estos factores a veces se presentan juntos, dando al que sufre la oportunidad de aliviar los dolores humanos que se encuentran esparcidos por el mundo.

Los más abnegados, cargan fardos más pesados, demostrando que se puede ser feliz sin la necesidad de acumular objetos, de sentir placeres continuamente, de gozar de salud y recibir aplausos, valores que el mundo establece como únicos, pero que en realidad son sólo medios para nuevos emprendimientos iluminativos.

Avanza, entonces, confiando en Dios, sean cuales fueran las trampas de la existencia, que derivan de tus necesidades interiores de ascensión.

El capullo de rosa que teme abrirse, porque teme ser agredido por las plagas y el calor del Sol, muere encarcelado en sí mismo, sin que haya podido liberar el perfume y el polen que daría continuidad a su existencia, fecundando otra planta.

De la misma forma, aquél que teme experimentar mortificaciones para dar comienzo a su elevación, debilita sus fuerzas y se extingue distante de cumplir los objetivos para los cuales existe

❖

El Amigo Incomparable no temió a las sombras ni a los dolores, divulgando la inextinguible claridad de la Buena Nueva en plena oscuridad social y moral de la Humanidad, prefiriendo sacrificarse para que pudiese apreciarse la calidad de sus enseñanzas en vez de referirse a ellas sin demostrar la grandeza con que se revisten.

Jamás se quejó o reclamó ante las dificultades del suelo árido de los corazones, Él removió los guijarros, arrancó la gramínea nociva y cavó en el duro terreno, fertilizándolo con Su ternura y humedeciéndolo con Sus lágrimas, para que la simiente de la Buena Nueva encontrase los recursos necesarios para su fecundación.

…Y hasta hoy permanece como ejemplo incomparable de amor, invitando a las criaturas humanas a que se entreguen a Dios, a fin de que Él continúe velando en su favor.

6

Permanece en Paz

El afán a que se entregan las personas por la posesión desenfrenada, creyendo que solamente valen los recursos que pueden ser convertidos en monedas y prestigio en la sociedad, es causa de la insatisfacción y la inconsecuencia con que se comportan.

Cuando sus necesidades no son satisfechas de acuerdo a lo que esperaban, brindándoles remuneraciones que aumentan el orgullo y la soberbia, permitiéndoles de esta manera disfrutar del triunfo terreno, se frustran, se deprimen o se rebelan, abandonando las creencias religiosas a las que dicen pertenecer.

Volviéndose amargadas e indiferente ante su propio destino como al ajeno, no creen en los tesoros íntimos de la paz ni de la auto-realización, porque solamente tienen en consideración las cosas que saturan los espacios, que crean ambiciones, despiertan envidias, producen luchas encarnizadas.

Lamentablemente, esa es la cultura vigente, que tiene comienzo en la educación mal orientada, cuando los padres inmaduros discuten frente a sus hijos el significado de las riquezas monetarias, no siempre acumuladas con el apoyo de la conciencia saludable.

Resaltan el poder del oro y de los billetes, en razón de las facilidades que proporcionan para la conquista de relevantes posiciones en la sociedad, así como de los placeres que otorgan, sin mostrar la responsabilidad con la cual vienen acompañadas, cuando son mal aplicadas o adquiridas irresponsablemente.

Demuestran que el lujo y la ostentación prevalecen en el mundo como garantías de éxito, que no siempre corresponden a la verdad.

Además, consideran como triunfo solamente a ese poder que es consecuencia de la propaganda realizada por los medios, como fundamental para la existencia humana.

Se olvidan de los valores morales y los compromisos espirituales que son la esencia de la jornada evolutiva y preparan las mentes infantiles para que valoricen los objetos y las cosas que, si bien son útiles, no significan lo esencial, tal como lo proclaman.

Los educandos empiezan a identificar la calidad y el esmero de los recursos de los otros, considerando su escasez como miseria, despertando los sentimientos infelices de la envidia, el resentimiento y la ambición por lo que les falta. Y en la imposibilidad momentánea de poseerlos se arman de violencia para tomarlos por la fuerza o mediante la adulación, disputando sus migajas en los banquetes de las fantasías a que se entregan.

La pobreza, la dificultad, la carencia constituyen una bendición que provee a los seres con otros tesoros valiosos que siempre llevan consigo, sin la menor carga de aflicción.

En realidad, el riesgo de los bienes no está en ellos, sino en las personas que los disputan y administran.

Como no están preparados para la abundancia, caen en la mezquindad o en la extravagancia, con la corrección que es debida y rara vez lo usan.

Agradece a Dios por lo que tienes, especialmente por identificar los íntimos recursos que te convierten realmente en un ser feliz, y no te lamentes por lo que te hace falta.

No cargado excesivamente de cosas, avanzas con paso firme en dirección a la *Vida Abundante* de done viniste y hacia donde retornarás, cuando hayas terminado la tarea que te comprometiste a desplegar. Estás en el mundo para aprender, crecer y perfeccionar tu Dios interior, y no para acumular tesoros que después quedarán, cuando hayas pasado por los paisajes terrestres.

Cuando Ciro el Grande, rey de los persas, envió a sus soldados para que invadieran Jonia, en particular la ciudad de Briene, la población desesperada, que sabía del saqueo de que sería víctima, comenzó a huir cargando los tesoros que dificultaban su éxodo.

Las personas desesperadas, se agredían unas a las otras, intentaban salvar las joyas y los jarrones preciosos, las urnas y colecciones de gran valor, todo lo que representaba una fortuna para ellos, pero se vieron obligados a abandonarlos poco a poco, para proteger su propia vida.

En medio de la confusión que se apoderó de la ciudad, Bias, que fue considerado con posterioridad uno de los siete sabios de Grecia, permaneció con gran serenidad.

Interrogado por sus conciudadanos respecto a la tranquilidad que demostraba ante esa situación, argumentó que todos sus bienes estaban con él y que siempre se encontrarían donde el estuviese. Esos valiosos tesoros no lo abandonaban ni él los dejaba en el olvido o a merced de quien se apropiara de ellos.

Ante la respuesta inesperada, los que lo interrogaban volvieron a preguntar, intentando saber cuales eran aquellos recursos que lo hacían rico y se mantenían con él.

Sin ninguna jactancia, el sabio explicó que eran las conquistas morales de la paciencia, la sabiduría, la resignación, el amor, el perdón, la bondad, que había almacenado en su mente y en sus sentimientos a lo largo de los años de experiencia humana.

Realmente esos son tesoros invalorables, porque las ambiciones egoístas esclavizan a las personas a las cosas materiales, y la ignorancia del significado de la existencia carnal aún no puede entender la inestabilidad del ropaje físico y permanencia del Espíritu en ella sumergido.

Jesús propuso con sabiduría inusual: *"Acumulad tesoros en los Cielos, donde los ladrones no roban, las polillas no destruyen, la herrumbre no corroe."*

Aquellos que viven para amontonar todo lo que denominan tesoros, los disfrutan en forma temporaria, pero no pueden evadirse del plano físico sin dejarlos en el camino, porque su peso hace que el cuerpo se doblegue, dejándolos caer.

Las cabezas envejecidas de los reyes raramente soportan el peso excesivo de las coronas de oro y piedras preciosas, usando leves tiaras que los adornan y quedan en la sepultura.

En cualquier circunstancia de tu existencia permanece en paz.

Nunca te faltará lo necesario ni lo esencial para la tarea que viniste a realizar, porque el Divino Proveedor siempre concede los recursos apropiados para la función que reserva a cada uno de Sus pupilos.

Si, además, sabes agradecer y alegrarte por lo que tienes, sin sentir pena por lo que parece faltarte, más valioso te resultará lo que posees, dándote la ocasión de servir más y mejor.

❖

El conocimiento del Evangelio de Jesús y su aplicación en el diario vivir te concederán los tesoros incomparables de la paz y el júbilo, como ninguna otra cosa puede hacerlo.

Perfecciónate, pues, cada vez más, luchando para poseer lo que consideres justo y necesario en lo que respecta al ropaje carnal, pero preocupado sobre todo, por los bienes inestimables del corazón y de la mente, a fin de que en cualquier momento, cuando seas llamado de retorno al mundo espiritual, puedas abandonar todo sin nostalgias, sin amarguras ni inquietudes.

7

PODER TERRENO

Ningún poder en la Tierra puede ser equiparado con aquel que ha sido acumulado por la Iglesia de Roma, en nombre de Jesús y de Sus apóstoles.

Desde Constantino, el conquistador y luego gracias a otros emperadores, se impuso contra el paganismo, heredando sus tesoros materiales y convirtiéndolos en objetos especiales para el nuevo culto de adoración a Dios.

Sus templos fastuosos y sus museos monumentales acumularon, a través de la Historia, un patrimonio que se transformó en el mayor acervo de belleza, arte, grandeza y gloria que se conoce en el planeta terrestre.

Esparcidos por casi todo el mundo, reúne la más completa colección de expresiones artísticas de todas partes, y sus edificios reflejan las manifestaciones del sentimiento y del desarrollo ético-moral de cada pueblo y lugar.

En el Vaticano, su extraordinaria biblioteca contiene un número incomparable de ejemplares únicos de obras de la cultura de todos los tiempos, manuscritos y libros iluminados que no tienen precio. Pergaminos, mosaicos, piedras, pieles de animales, papiros y tablillas que guardan preciosas informaciones del pasado, constituyen una especial fuente de riqueza, que fascina a los coleccionistas y a los estudiosos.

Objetos preciosos de todo tipo, esculpidos en jade y ébano, madreperla y cristal, marfil y metales diferentes, estatuas de distintos períodos de la civilización se amontonan en la Santa Sede y en las iglesias del mundo, exaltando la gloria de la cultura y de la fascinación.

Galerías hermosas, frescos únicos, pinturas incomparables, tapices preciosos, ornamentos de oro, plata y porcelana, construcciones colosales, en las cuales el genio artístico materializó sus sueños, son parte de las incalculables riquezas que respaldan sus inversiones en las Bolsas de Valores de las grandes ciudades.

Sus depósitos bancarios y sus negocios compiten con las demás empresas del mercado, acumulando siempre más, con avidez, y contratando hábiles ejecutivos para que puedan administrar todos esos recursos que sorprenden por su grandiosidad y por el esplendor.

La pompa de sus solemnidades, que cautivan los sentimientos y deslumbran los ojos, rivaliza con la coronación de los reyes, y sus cultos de exaltación grandiosa superan todas las ceremonias del antiguo paganismo.

La opulencia y majestad excesivas, abruman al observador desprevenido, exaltando el lujo y el orgullo que la mantuvo en el poder, gracias también a la astucia de sus administradores y a las artimañas políticas de su hegemonía durante la Edad Media, adaptándose con sabiduría a las nuevas reglas de los tiempos modernos.

Su fuerza, en los más diversos niveles de la comunidad aún constituye un poder que enfrenta situaciones muy comprometedoras en la sociedad terrena y que le concede casi siempre, el triunfo.

Si bien ya no amenaza más la estabilidad personal del individuo mediante condenas y anatemas perversos, de todos modos consigue generar situaciones difíciles para aquellos que a sus ojos caen en desgracia o que no acepta más.

...Y todo eso en nombre de Aquél que no tenía una piedra donde reclinar su cabeza, aunque las aves de los cielos tuvieran sus nidos y los animales sus cuevas, como Él mismo lo dijo...

❖

El árbol que el Padre no plantó será arrancado, advirtió también Jesús.

Por medio de la fuerza demoledora e inexorable del progreso, las construcciones realizadas sobre la arena movediza de las ambiciones humanas se derrumban de un momento a otro, como ocurre durante los terremotos, las erupciones volcánicas, los tornados y las tempestades violentas o son vencidas lentamente por los seguidores de las nobles conquistas.

La alucinación por el poder que dominó a algunos cristianos en épocas ya pasadas, y que se mantuvo en tantos otros apasionados por el prestigio social, que huían del mundo para dominarlo mejor, erigió el imperio materialista para sustituir al que se desmoronaba tras gobernar el mundo conocido, representado en la decadente Roma.

Excediéndose en los derechos que a sí mismos se atribuían, sustituyeron el pesebre modesto y la cruz grotesca, donde Él nació y murió, por el becerro de oro que los antiguos hebreos fundieron para adorar a Dios en las fiestas de pasiones desenfrenadas, en el corto período en que Moisés los dejó durante su estadía en el monte Sinaí...

Desvariando a través de los siglos, en continuos delirios, se nombraron a sí mismos como los exclusivos representantes de Dios en el mundo, y sometieron a todos los que les temían.

A través de hábiles maniobras e indecentes conciliábulos, desencadenaron guerras de destrucción para someter a los pueblos y las razas que se negaban a reconocerlos en la locura a que se entregaban, atizando las llamas devoradoras que arrebataron incontables vidas.

Paralelamente, levantando la cruz, conquistaron pueblos y naciones que comenzaron a explotar, lo que aumentó su poder y engendró el absolutismo de su Jefe, que se hizo acreedor de los honores destinados a los reyes y gobernantes de la angustiada Tierra.

Todo eso bajo la máscara del servicio a Jesús, cuya corona estaba hecha con espinas, para completar el conjunto humillante con el grotesco manto rojo que le colocaron sobre sus hombros heridos y una caña inmunda en forma de cetro, ironizándolo como al rey de la nada…

Él jamás solicitó ningún homenaje o distinción, y prefirió siempre a los pobres y a los sufridores, a quienes recibía sin ceremonial o agenda establecida expresamente.

Su poder siempre fue moral y la Suya era la elevación espiritual del ser más perfecto, creado por Dios para servir de modelo y guía de la humanidad.

Subyugaba, sí, los corazones con Su incomparable ternura y las vidas a Su inconfundible mansedumbre.

Imponía Su autoridad de Maestro y Señor sobre los Espíritus perversos e insensatos que se complacían en la práctica del mal, abusando de los recursos de que disponían, en su condición de desencarnados.

Nunca menospreció a nadie, ni siquiera a aquellos ante quienes se presentaba como Su enemigo declarado o perseguidor inflexible.

Siempre poseía una palabra justa y oportuna frente a cualquier situación.

Hasta las fuerzas de la Naturaleza se sometieron a Su voluntad, cuando hizo aquietarse el viento y apaciguarse el mar.

¡Nadie puede igualarse a Jesús.

Solamente Él es el Señor que merece nuestra devoción y entrega, en nombre de Dios.

Los que se dicen Sus sucesores, no poseen recursos para renovar almas, acallar pasiones, aquietar tormentos, alejar obsesores, sanar enfermedades.

En verdad, poseen mucho poder terreno pero ninguna fuerza para representarlo, aunque deseen hacerlo.

Si te encuentras bajo las garras de las pruebas y de los sufrimientos porque Lo amas, no te aflijas. Regocíjate, porque la señal de que estás con Él es la cruz que pesa sobre tus hombros y el amor que señala tu existencia, cuando te dispones a perdonar y a amar aún a aquellos que te ofenden y te acusan maliciosamente.

Todo el mundo es transitorio, temporal y en consecuencia, efímero.

Ten paciencia y confía en el mañana con Él, avanzando en Su dirección, a pesar de no contar con el apoyo de los poderosos del mundo, que también son tus hermanos necesitados e infelices, aunque no lo demuestren.

8

SACRIFICIO Y AMOR

Invariablemente, cuando se habla acerca de la sublime entrega del Maestro a Su rebaño, la de Su propia vida, se asevera que para Él representó un gran sacrificio, como si no hubiera tenido conocimiento, desde antes, de la necesidad de demostrar la inefable grandeza de Su amor.

El concepto de sacrificio, en tan elevada demostración de afecto, no se ajusta a la realidad, por cuanto Él marchó hacia la muerte absolutamente seguro, consciente y confiado en la necesidad de hacerlo, para que de esa manera, pudiera despertar a Sus seguidores para que comprendiesen el significado de Su entrega total.

Había estado con ellos en momentos felices, ofreciéndoles bendiciones de salud y de conocimiento, de esperanza y de paz, informándoles asimismo que la existencia física no es definitiva y que todos deberían prepararse para enfrentarse con las vicisitudes y los naturales sufrimientos.

Les restituía la salud, pero no impedía que les llegara la muerte.

Les otorgaba alegrías, pero no evitaba que fuesen visitados por la tristeza que proviene del proceso evolutivo frente a los disgustos y las lecciones morales de crecimiento íntimo.

Les concedía paz, pero no se permitía obstaculizar la lucha que cada uno debía emprender, a fin de conocerse a sí mismo y encontrar el rumbo de la iluminación.

Los transformaba con Su ternura, porque aún era necesario que se esforzasen para conservarla.

Jamás dejó de ampararlos y auxiliarlos en el crecimiento íntimo hacia Dios.

Les abrió los ojos del alma hacia el discernimiento y la razón, los incitó al trabajo y a la solidaridad viviendo al servicio del Padre, sin quejarse ni exigirles jamás nada.

Era indispensable, por lo tanto, demostrarles la grandeza de ese amor, ofreciendo la existencia en holocausto rumbo a la Vida Eterna, última y eficaz manera de hacerlos creer.

Por consiguiente, no fue un sacrificio en el sentido de un esfuerzo de inmolación entre la desesperación y la lucha reñida.

Sacrificio hubiera sido para Él dejar librados a su propio destino a aquellos que el Padre Le había confiado para pastorear, en vez de conducirlos por el rumbo seguro del deber y de la conquista de sí mismos.

También sería sacrificio, si se hubiese eximido de la ofrenda máxima de que se tiene noticias, para que cada uno pudiera aprender a través del sufrimiento, sin enseñarles que solamente en el deber se encuentra la razón esencial de la existencia humana.

La cruz, que siempre fue un símbolo de humillación y desgracia, de castigo y correctivo severo, con Jesús se convirtió en alas de liberación, permitiendo el vuelo con destino al Infinito.

A causa de eso, Él entregó Su vida para que todos la tuviéramos en abundancia, luchando cada uno, personalmente, para adquirirla.

Cuando se ama, nada constituye esfuerzo, sufrimiento, sacrificio.

El amor es tan rico en cariño y bendiciones, que se multiplica a medida que se ofrece, sin disminuir jamás de intensidad cuanto más se distribuye.

Invariablemente, las personas lo consideran una práctica de reciprocidad, mediante la cual el intercambio de los sentimientos se convierte en estímulo para su prosecución.

De alguna forma, sin embargo, esa expresión de amor no deja de ser el comienzo del proceso que lo llevará a la sublimación del querer y del donar.

Surgiendo del instinto, que es todo posesión, matriz del egoísmo perturbador, se embellece con la experiencia afectiva, se agiganta y se transforma, en la medida de la abnegación y de la devoción de que es portador.

El amor nunca se exalta ni reclama, porque es fuente de comprensión, como así también de la educación de las emociones, del comportamiento, de la vida.

El Maestro siempre enseñaba, y la culminación de esas lecciones fue Su crucifixión, a través de la cual, en forma de tragedia, atraería a todos hacia Él.

Desdichadamente, el ser humano aún necesita del espectáculo o de la terapia de choque, para despertar del letargo al que se entrega.

Eso ocurre en todos los campos de las relaciones sociales.

Cuando los hechos transcurren en forma natural y sin agitación, no son aceptados de inmediato, en forma pacífica y profunda. En cambio, cuando producen impacto, una sensación peculiar, la mayoría de las veces despiertan interés, discusión y aceptación.

Esto es así porque, aunque el amor sea la fuente inagotable de enriquecimiento, el progreso del ser como individuo y de la sociedad como organismo colectivo, se ha dado mediante el dolor, especialmente establecido por los testimonios que son considerados sacrificios del placer y del gozo inmediato.

De esa forma, la idea vigente es que la suprema entrega del Maestro sería también un sacrificio en favor de Sus seguidores, cuando a diferencia de lo convencional, Su ejemplo de enriquecimiento es una invitación a la reflexión. Si Él, que no tenía culpa, fue conducido hacia la entrega máxima, es natural que las personas caracterizadas por las cargas emocionales de desequilibrio y de deudas morales, no puedan considerarse una excepción, eximiéndose del padecimiento purificador.

En Él tenemos la ofrenda de ternura y alegría, pese a las dolorosas aflicciones que padeció, confirmando Su procedencia de enviado de Dios, el Mesías que las tempestuosas condiciones israelitas se negaban a aceptar.

En su desenfrenada alucinación por el poder y dominación por el orgullo, mediante lo cual la raza elegida gobernaría el mundo de los gentiles, era muy difícil de aceptar a aquel Rey especial, sin trono ni ejército homicida, sin cortesanos con trompetas ni embajadores soberbios precediéndolo.

Como Su reino no era de este mundo, los ministros y servidores no eran visibles, excepto Juan el Bautista, el Precursor o los profetas que habían venido mucho antes que Él y fueron ridiculizados unos, perseguidos otros y muertos los demás...

Esfuérzate, por tu parte, para entender la donación de la vida como una entrega amorosa a Aquél que la engendró.

Aprende a renunciar a las pequeñas aficiones, creciendo en dirección a la superación de los tormentosos deseos, aquellos de gran porte, en homenaje a tu auto-iluminación, a tu ascensión.

Siempre es necesario morir, para poder vivir en plenitud.

Ten como ejemplo a Jesús en todas las circunstancias, y si amas, todo lo que ofrezcas no constituirá sacrificio ni sufrimiento, sino un mensaje de alegría y de paz.

9

TERAPIA DEL PERDÓN

El imperativo del perdón incondicional es de urgente aplicación, para que la paz se instale en forma definitiva en la conciencia humana.

Mientras existan sentimientos de venganza, de animosidad, de rebeldía en relación a personas o acontecimientos perturbadores, también permanecerán los disturbios de la emoción que afectan la salud fisiológica y el comportamiento.

Por graves que hayan sido las ofensas y agresiones sufridas, siempre es más infeliz el que perturba a los demás, aunque conscientemente no tenga idea de la gravedad de su conducta desdichada.

Comprensiblemente, aquel que es el ofendido se cree con el derecho a justificarse, demostrando el error que el otro cometió en relación a su persona o por lo menos, se aparta, permanece a distancia, conservando el resentimiento que resulta de la injusticia que lo transformó en víctima.

Mientras tanto, esa postura solamente le atraerá rencores y perturbaciones, ya que terminará por desequilibrarlo.

Cualquier tipo de resentimiento albergado se transforma en morbo que afecta al que lo cultiva, mientras el suceso desdichado se robustece, manteniéndose siempre presente en la memoria y en la emoción.

De la misma forma que se vuelve difícil olvidar el acontecimiento dañino, lo que exige de un gran esfuerzo de la voluntad, alimentar la amargura solamente empeora sus efectos en el sistema emocional.

El odio, el resentimiento, el miedo, los celos, el remordimiento afectan poderosamente al organismo, pese a su origen emocional.

Las altas cargas vibratorias perjudiciales que son impulsadas por la mente hacia el sistema nervioso central, afectarán el aparato circulatorio con resultados negativos para el respiratorio, al tiempo que las glándulas endocrinas serán perjudicadas por esas energías que, encaminadas hacia el sistema inmunológico, lo desorganizan.

Un gran número de enfermedades orgánicas y trastornos psicológicos proviene de los sentimientos atormentados.

Hay personas que saben manipular palabras y situaciones con cruel habilidad cuando desean perjudicar a otro. Son pusilánimes e insensibles a tal punto que se creen autorizados, a construir planes dañinos que ejecutan con naturalidad, complaciéndose en hacer sufrir a todo aquel que no consiguen suplantar.

Cuando se convierten en enemigos de alguien, son estimulados por la perversidad que domina sus sentimientos viles, mienten y calumnian con naturalidad, de forma de alcanzar los objetivos buscados.

Casi siempre prefieren las enemistades a los afectos, las discusiones interminables y perturbadoras a la conciliación y la paz, tejiendo intrigas en las que se complacen, cuando podrían silenciar las acusaciones injustificadas y esforzarse por mantener vínculos saludables.

Son enfermos graves del alma que ignoran las dolencias o prefieren continuar en esa etapa primaria de la evolución.

Cualquier tipo de réplica a sus agresiones solamente se convertirá para ellos en un estímulo mórbido para que prosigan en esa infame conducta.

❖

Perdona a todos los que te ofenden, sin conservar ningún tipo de resentimiento en relación con el mal que pensaron hacerte.

Si consideras la agresión que recibiste como una experiencia que necesitabas para evolucionar, permanecerás invulnerable a sus sórdidas consecuencias. En cambio, si te permites intoxicar por las vibraciones que de ella emanan, quedarás vinculado a aquél que prefiere herirte, ante la imposibilidad que siente de amarte.

Perdona siempre, porque los malos e infelices, cuando detestan y calumnian a su prójimo, no saben lo que están haciendo.

Volverán, hoy o más tarde, por los caminos ahora recorridos, cosechando las espinas de su locura y perversidad, que se les clavarán en las carnes del alma, invitándolos a la reparación.

El vengativo perdió la dirección de su vida y se apartó del camino de la esperanza, deambulando sin rumbo y en la desolación.

Aflige a los demás, porque se encuentra aturdido y sus momentos de desdicha son transformados en agresiones que aparentemente lo tranquilizan, y que le dibujan una expresión en el rostro que es confundida con sonrisas de victoria.

Como no cree en los valores morales que le son escasos, no respeta al prójimo, al cual enfrenta en todas partes, volviéndose su adversario desquiciado.

Entorpecido por los trastornos que experimenta, desea colocar a los demás en los niveles inferiores en que se detiene.

Como evita esforzarse para evolucionar, piensa que esa es la única actitud que puede asumir como mecanismo de desquite contra la vida y las personas que constituyen la sociedad, a la que desdichadamente convierte en su adversaria.

Se apartó del conjunto social por la inferioridad que reconoce poseer; mientras tanto, enviste contra el grupo y proyecta su imagen atormentada pensando que inspirará temor, porque es incapaz de entregarse al amor.

Se convierte en instrumento de las Fuerzas del Mal que lo utilizan para dar lugar al plan de persecución de criaturas humanas, generando lamentables procesos de obsesión individual y colectiva.

A menudo personas de esa condición son encontradas en todas partes, desde el grupo familiar al social, en el círculo de las actividades profesionales como en las labores del arte, de la investigación científica, de las recreaciones, porque permanecen en la etapa inferior de la evolución. Aunque algunas se presentan bien vestidas, hablando con entusiasmo y un lenguaje correcto, con buena presencia y circunspectos, lo que importa es su mundo interior, sus aspiraciones y ansias de progreso, de sobresalir, de dominación que, al no convertirse en realidad, los transforman en verdugos de los individuos que padecen su crueldad o de los grupos en los que se reúnen.

Perdona todo tipo de agresión y de agresores, de difamadores, de secuaces del mal. Ellos no merecen tus preocupaciones ni tus sufrimientos.

Tienes compromisos más valiosos con la vida, como para perder el tiempo en las mezquindades inevitables del proceso evolutivo.

Fija tu mirada en las cumbres morales y avanza, conquistando los espacios que te aguardan desafiantes.

Quien teme a las tempestades morales no consigue fortalecerse para las luchas del progreso espiritual.

Tu adversario es también tu oportunidad para vencer las susceptibilidades, las pasiones egoístas, las pequeñeces que marcan tu existencia.

Nunca cedas al mal, para descender al nivel de los malos. Si los consideras desdichados, atrasados, es una excelente razón para que te detengas en un nivel espiritual más elevado, descendiendo solamente para ayudarlos y no para competir con ellos en los extraños comportamientos que asumen.

Perdonar no significa estar de acuerdo con el acto infame ni con la persona desequilibrada. Perdonar constituye el acto de mantener la paz, de no replicar con el mismo mal a aquél que es tu adversario, permaneciendo en una mejor situación emocional que tu antagonista.

Jesús, el Psicoterapeuta por excelencia, cuando enseñó el perdón, incondicional y constante, brindó uno de los más hermosos comportamientos causantes de la salud y de la armonía personal.

Él se convirtió en ejemplo del perdón amoroso, sin aprobar el crimen del que era víctima ni señalando a sus verdugos con reproches o censuras.

El perdón es el medicamento valioso para curar las heridas del alma e instalar áreas de bienestar en la mente y en la emoción.

10

ABRIR SENDEROS

Si aún no puedes construir caminos seguros para aquellos que vendrán después de ti, buscando alcanzar el objetivo hacia donde se dirigen, sé tú quien les abre los senderos en el denso bosque.

La humilde senda que mañana permitirá la conquista de los espacios que se encuentran ocultos, un día se transformará en el camino confortable que favorecerá el rápido acceso a lugares hoy inaccesibles.

No te inquietes con las dificultades que están más adelante ni temas a los obstáculos que deberás superar.

Quien se detiene a considerar los desafíos sin la realización del trabajo, no consigue ir más allá de las conjeturas sobre la acción liberadora.

Todo y cualquier tipo de progreso está siempre caracterizado por la audacia de la acción y por los sacrificios impuesto a aquél que intenta romper con lo existente, proporcionando paisajes nuevos y enriquecedores para el futuro.

Muchas veces, ese intento le cuesta la propia existencia que, no obstante, ofrece con júbilo, entusiasmado por el ideal.

El pionero presiente el porvenir en el presente y comprende que es necesario crear condiciones favorables para que se establezcan parámetros de equilibrio cuando se tiene por meta conquistar la felicidad real.

En lo que respecta a la fe religiosa ofrecida por el Espiritismo, se torna urgente ampliar el ámbito de sus realizaciones, teniendo en cuenta los desafíos morales y las dificultades espirituales vividas por el ser humano en los días modernos.

Mientras proliferan las invitaciones a la sensualidad y a la indiferencia por los valores del Espíritu inmortal, parecen disminuir la voluntad y el entusiasmo de quienes se aficionan al Bien y a la Verdad, tal vez desilusionados por los resultados incorrectos de sus esfuerzos, a pesar de ser respetables.

El mensajero de la luz no se puede permitir el lujo del abatimiento cuando los frutos de la siembra no se presentan de inmediato con abundancia.

El combustible que alimenta su fe idealista proviene de las fuentes inagotables del amor de Dios y por ello, es indispensable que emplee continuos esfuerzos, preservando los sentimientos surgidos del entusiasmo, de tal manera que los enfrentamientos sean realizados dentro del clima de alegría y de confianza irrestricta en los objetivos perseguidos.

El cambio de modelos en el organismo social es siempre una tarea hercúlea, que se extiende por tiempo indeterminado. Todo lo que se relaciona con la decadencia de los valores éticos, ocurre con facilidad a causa de los atavismos que permanecen en la naturaleza humana, procedentes de las fajas primarias por donde el Espíritu transitó y de cuyos efectos dañinos aún no se liberó totalmente. En cambio cuando se trata de contribuciones dignificantes, que impulsan al ser y a la Humanidad, generando nuevos hábitos, buenas y saludables costumbres, su inserción resulta mucho más difícil, pues exige desprendimiento y abnegación de toda índole, que solamente el amor al idealismo de la verdad y del progreso logra fortalecer.

De esta manera, es natural que no abunden en el organismo social los pioneros y líderes que se entregan al gigantesco programa de preparación de las bases de la sociedad mejor y más feliz del mañana.

❖

Nunca te desanimes ni te canses en el ideal que abrazas, que consiste en construir un mundo mejor para el porvenir, en el cual crees y al que te vinculas desde hoy.

Puede parecer insignificante tu logro, sin embargo se trata del paso inicial que dará lugar a nuevas experiencias y grandiosas conquistas.

Quien vea a la joven y débil planta, que deberá enfrentar factores mesológicos [2] adversos, no se da cuenta de que son ellos los que la fortalecerán, preparándola para la grandiosidad de la vida a la que está destinada.

Del polvo cósmico nacen las galaxias, y el minúsculo embrión animal contiene la vida que más tarde resplandecerá.

Todo comienzo es desafiante y complejo. Es necesario que así sea, a fin de poder alcanzar el futuro grandioso.

El escultor, contemplando el bloque de piedra, ve las formas que se encuentran ocultas en su interior. Su trabajo consiste en retirar todo lo que cubre a la figura deslumbrante hasta que brille en el mundo exterior.

Cuando alguien contempla una obra concluida y se fascina con su grandiosidad, no piensa en la energía desarrollada por aquellos que la realizaron ni se le ocurre pensar en el increíble esfuerzo que constituyó el primer movimiento.

Por lo tanto, no te detengas. Sigue abriendo senderos mientras avanzas rumbo a la desencarnación.

Cada momento de tu existencia es muy útil para ti mismo, por todo lo que te permitirá construir, renovar, producir.

No es importante que sean realizaciones grandiosas, porque muchos de los que pretenden realizarlas ven transcurrir el tiempo y siguen con sus planes sin construir nada.

Es imperioso que no interrumpas tu compromiso para con la vida, que no te preocupes con lo que piensan de ti o lo que comentan a tu respecto, en intentos insidiosos por desviarte del objetivo que buscas o para impedir que continúes tu caminata.

Jesús inició Su ministerio sin realizaciones extravagantes ni peligrosas para el *status quo*.

Inicialmente, atendió las necesidades más apremiante y habituales de las personas: sus ansiedades, sus dolencias, sus inquietudes, sus sufrimientos…

Utilizó la palabra como instrumento de edificación eterna y se dedicó al ministerio de renovar las ideas, inspirando sentimientos de amor, como factores incomparables para la conquista valiosa de la paz.

Nunca se sometió a los imperativos de la política dominante ni de las pasiones generalizadas.

Lentamente abrió estrechos caminos de bienestar y de esperanza en el suelo áspero de los Espíritus infelices y rebeldes, otorgándoles la alegría de la que se habían separado, dominados por la rebeldía y la indiferencia hacia los dones de la vida.

Enfrentó todos los impedimentos imaginables, pero nunca dejó de dar continuidad al ideal de iluminación de las conciencias humanas.

Experimentó el abandono, la traición, la infamia y la crueldad. No obstante, nos legó la sublime experiencia del amor que viene sosteniendo a la Humanidad durante los dos últimos milenios.

❖

Prosigue abriendo senderos, aunque sean modestos, poniendo luz en las sombras que enfrentes.

No pretendas solucionar los grandes problemas de la sociedad, pero mantén la conciencia de que, al ser parte de ella, todo lo que realices se reflejará en su conjunto.

Poco importa que el futuro no sepa de tu esfuerzo, como ocurre con el presente que desdeña tu accionar.

Lo fundamental es que realices lo que te fue recomendado y que aceptaste antes de renacer en el cuerpo actual, prosiguiendo fiel hasta el fin de tus fuerzas.

11

ENFERMEDADES APARENTES

La mente es una dínamo generadora de energías, responsable por la elaboración, mantenimiento y prosecución de las realizaciones compatibles con la calidad de onda emitida.

Emanación del Espíritu, caracteriza su estructura evolutiva, y es responsable de las conquistas morales acumuladas, sean éstas de naturaleza edificante e iluminativa o procedentes del primitivismo y de la opción por la ignorancia a la que se entrega.

El desarrollo moral es ley inalienable del progreso que rige la Naturaleza, impulsando todo y a todos a la conquista de la perfección a que están destinados.

Procediendo de las etapas vivenciadas con anterioridad, el Espíritu almacena las experiencias y elige aquellas que marcaron su comportamiento en profundidad, deteniéndose o rompiendo las cadenas con la vigorosa decisión de alcanzar la libertad.

Heredero incondicional de las acciones pretéritas, sobre la base se esas vivencias y utilizando el material moral que le es propio, elabora las nuevas construcciones.

De acuerdo con la emisión de la idea y su calidad vibratoria surgen los efectos correspondientes.

En ese proceso, las emociones fuertes, las sensaciones animalizantes, ejercen sobre él un fuerte predominio y se imponen, de manera que no sean necesarios esfuerzos o sacrificios hercúleos para superarlos, efecto normal de la adaptación al nivel evolutivo por el cual transita.

En consecuencia, se repiten las opresiones, se mantienen las dependencias viciosas hasta que los mecanismos de las Soberanas Leyes imponen cambios enérgicos, por lo general dolorosos, a través de expiaciones lamentables.

Cuando esas herencias mórbidas prevalecen en la economía espiritual del ser, las irradiaciones mentales son deletéreas, y dan lugar al surgimiento de enfermedades reales, como así también a simulacros de ellas.

En el ser humano hay una inconsciente necesidad de castigarse a sí mismo, que adopta una conducta enfermiza resultante de esos perniciosos hábitos mentales.

Se cultiva el pesimismo y se experimentan continuos fracasos hechos de aflicciones.

Se persiste en la queja, y el morbo de la perturbación se enseñorea de los paisajes emocionales.

Se mantiene la autocompasión y se desarrolla el proceso de desintegración de las resistencias orgánicas.

Al detenerse en la observación negativa alrededor de los acontecimientos de la existencia, surge la renuncia a la lucha y la entrega al desánimo.

Se insiste en la acumulación de tristezas y amarguras, para dar lugar a la depresión…

Cada tipo de comportamiento mental vivenciado se presenta como un fenómeno correspondiente de naturaleza emocional o física.

Al principio, son construcciones mentales transformadas en una manifestación hipocondríaca. Posteriormente, se instalan los procesos enfermizos, para imponer al organismo, en sus diversas expresiones, la desorganización y el disturbio que se agravan con la sucesión de los días.

❖

En general, el hipocondríaco es un Espíritu que carga la conciencia de culpa cincelada en sus raíces vibratorias.

Prácticas hediondas que transcurrieron ignoradas por el grupo social en el cual se movilizaba, generaron la culpa de la que ahora no consigue o no quiere liberarse.

Logró engañar a todos aquellos con los cuales convivía, pero no pudo evadirse del conocimiento de los delitos practicados.

Con especial habilidad ocultó la conducta vulgar y promiscua a la que se entregó, manteniendo, no obstante, el lado oscuro de la personalidad, que supo ocultar, pero no pudo huir del conocimiento de su propia vileza.

No se liberó conforme debería de las responsabilidades y los deberes que le correspondían, disfrazándose de persona honesta y leal. Mientras tanto, no tuvo cómo encontrar los recursos para su propio respeto y estima, necesarios para el equilibrio emocional.

Disfrutó de regalías inmerecidas y de situaciones de privilegio, gracias a los métodos secretos de que se valió con eficiencia; con todo, no consiguió anular el conocimiento de esos desprecios que se permitió, defraudando la vida.

Es natural que ahora la culpa surja nuevamente en forma de necesidad de expiación, de falta de amor y de consideración por sí mismo, haciendo que los conflictos internos desborden a fin de llamar la atención, ya que no dispone de otros recursos para hacerse notar ni posee la confianza en sí mismo para vivir en paz.

73

La culpa es un verdugo insuperable, porque se encuentra instalado en la conciencia del rebelde.

Nadie conoce sus crímenes, pero el culpable lo sabe y no se perdona, aunque busca justificaciones para los desatinos cometidos.

Para deshacerse de ese severo verdugo es necesario rehabilitarse moralmente por intermedio de la recuperación del patrimonio de la dignidad perdida, mediante acciones nobles, actitudes altruistas, sin ningún tipo de disfraz o ardid a los que está acostumbrado.

El ejercicio de la oración, desnudándose emocionalmente y liberándose de las justificaciones inadecuadas, conduce a los comportamientos dignos de honra y de reequilibrio, que fomentan la alegría de vivir y de amar.

Si este instrumento de liberación no es acompañado por terapias competentes, se cae en enfermedades reales que empiezan a consumir la emoción y el cuerpo, y a desarticular los mecanismos psíquicos.

Ante las irradiaciones mentales de bajo tenor vibratorio y de la culpa tenaz, Entidades perversas que fueron o no víctimas del enfermo, se acercan a él con sus sentimientos torpes y agravan su cuadro mental, dando comienzo a peligrosas obsesiones de difícil liberación.

Ten cuidado con las emanaciones mentales, las ideas que cultivas, los pensamientos preservados en la cámara íntima del ser que eres.

Piensa en la salud y búscala a través del los comportamientos mentales y morales recomendables.

Insiste en la rehabilitación personal y trabaja por conseguirla sin desfallecimiento.

Identifica algunos valores positivos que están en ti y desarróllalos mediante el ejercicio de hacer el bien.

¿Culpa? ¡Nunca!

Se te equivocas, comienza nuevamente, recuperándote y siguiendo adelante.

Sólo el amor es poseedor de los excelentes recursos que generan paz, trabajo edificante y salud real.

Evita, por lo tanto, todo tipo de enfermedad aparente para esconder tus culpas actuales o pasadas, y sé transparente, leal y honrado en tus pensamientos, palabras y actos.

12

EMPRESAS

En el mundo moderno, colmado de alta tecnología y de mucha extravagancia, los conceptos de simplicidad y de abnegación están siendo combatidos tenazmente, de modo que han dado lugar al automatismo, a la excentricidad y a los intereses del lucro inmediato.

Tecnócratas y ejecutivos de gran capacidad pugnan, en reñidas luchas, para alcanzar metas cada vez más audaces; no obstante, pese al respeto que nos merecen sus esfuerzos y personas, su propósito es proyectarse y alcanzar el ansiado poder.

Transforman situaciones de bondad en lugares para invertir, y sus procedimientos siempre se afirman en programas de ganancias importantes.

Aferrados a las tablas de estadística que comprobadas movilizan con habilidad los cálculos del mercado a través de las Bolsas, establecen plazos de usura en todos los negocios y se entregan a las adquisiciones de alta rentabilidad.

Enriquecen y promueven a elevados niveles las empresas para las cuales trabajan a cambio de abultados estipendios y compensaciones, con avidez y stress, hasta el momento en que son destituidos por la jubilación, la vejez o la muerte...

Las empresas no tienen alma ni palpita en sus estructuras automáticas ningún tipo de corazón.

Las personas que en ellas se consumen, son piezas de su engranaje y por más importantes que sean, siempre pueden ser sustituidas por otras más productivas para el equipo en permanente renovación, consecuencia natural de los nuevos instrumentos presentados por las industrias de promoción y actualización.

El pensamiento empresarial es lineal, directo, calculador, desprovisto del sentimiento de amor, de misericordia, de compasión.

A veces, la empresa comienza en el fondo del huerto y con el tiempo y el exhaustivo trabajo se vuelve poderosa, sin que sus fundadores, que se agotaron en la tarea, logren disfrutar de los beneficios que pasan a manos de las generaciones que los suceden.

Es verdad que posibilitan el progreso en la Tierra, pero también son responsables por muchas miserias y violencias morales, económicas y sociales…

Las enormes empresas que invierten parte de sus ganancias en programas de educación, de higiene, de salud en favor de la vida, muchas veces se apropian de otras tantas a las que someten como esclavas, con salarios miserables, en el ansia incesante del aumento de la producción.

Esas contribuciones empresariales son valiosas, pero también son responsables de competencias destructivas, espionajes sórdidos, prepotencia catastrófica, comportamientos absurdos.

Indudablemente, es inevitable la marcha y el avance de la cultura, de la ciencia y la tecnología, de las Empresas y los monopolios perversos, abusivos.

Sus normas y lineamientos envidiables son apropiados para su salvaje desarrollo, pero no deben ser aplicados en todas las labores que se realizan en la Tierra, especialmente en aquellas de origen espiritual, que tienen compromiso con el Amor y la Verdad, por los menos a través de sus objetivos.

❖

Con Jesús la Empresa es de solidaridad, de benevolencia, de paz.

En ella no hay lugar para los rigores ni las exigencias que hieren la fraternidad, el respeto por las vidas, por el sufrimiento, por los obreros menos valiosos, aquellos que no son tan hábiles o se presentan más atrasados...

La tentación de usar en el servicio al Maestro las técnicas singulares, los códigos fríos y las actitudes autoritarias de los empresarios dominantes, surge continuamente, amenazando la verdadera caridad, que siempre debe ser la bandera levantada por aquellos que se dedican a Él.

Se aprueba con entusiasmo para equipar el nido de amor y de auxilio recíproco, de socorro a los que buscan servir, aunque se encuentren sometidos a terapias liberadoras, bajo profundas depresiones y desequilibrios deplorables, incluyendo a los cooperadores-máquinas habilidosos, casi siempre insensibles, igualmente apartados de los compromisos con la propuesta del Amigo extraordinario y de Su Evangelio.

Pensando siempre en ganar más dinero, en mejorar la apariencia del trabajo, en valerse de las técnicas de propaganda para hacer conocido el trabajo, en la condición de producto de venta y exportación, en proyectar las imágenes producidas por la maquinaria del mercado explotador, quedan en un plano secundario, cuando no olvidados, los compromisos con la simplicidad del sentimiento y la humildad del comportamiento.

Vigila las nacientes de tu corazón de donde brotan tanto los buenos como los malos pensamientos, y ten cuidado.

No te dejes arrastrar por los charlatanes y mercaderes, entusiastas a favor de las transformaciones imperiosas e imprudentes, soñadores del mundo que no conocen las reglas del Evangelio ni la conducta espírita.

La empresa de Jesús es diferente, pues preserva la unión de todos sus miembros, y jamás da lugar al campeonato del disenso.

En su estatuto, el jefe es siempre quien mejor sirve y no el que más se exalta.

Ante la disputa por las posiciones de importancia, que finalmente no existen, el esfuerzo predomina para convertirse en servidor más dedicado.

El candidato que llega, no elimina a aquel que se encontraba en el trabajo, sino que se convierte en su cooperador. Por su parte, sin temer al que se aproxima, aquél que ya está en servicio le permite conocer el trabajo, integrándolo en el grupo fraternal donde desea trabajar.

No descarta a los servidores disminuidos, sino que toma las providencias necesarias para que sean encaminados hacia otras áreas cuando están equivocados o son incompetentes.

No deja lugar a la ingratitud para con aquél que ofreció lo mejor de su existencia, trabajando en los cimientos de la obra, y que hoy, cansado, desactualizado, es abandonado como si fuera un estorbo.

Nunca olvides a los que sufren, pensando sólo en el veneno que es consecuencia de acumular monedas en demasía.

Extiende la caridad que socorre a la necesidad e ilumina al ser, liberándolo de la ignorancia.

El respeto por el otro es una norma de conducta permanente, y la consideración para con el ausente impide el desarrollo de la maledicencia, de la calumnia, de la persecución gratuita, que surge de la antipatía que pueda existir en el grupo.

En la actualidad, la empresa de Jesús, aún debe inspirarse en el programa y en la acción de la Casa del Camino, levantada por Simón Pedro en Jerusalén durante los días apostólicos.

Por cierto estos tiempos son nuevos, y diferentes sus leyes.

Las personas, en cambio, son casi las mismas, viviendo circunstancias y situaciones muy semejantes.

Sí, es necesario respetar la modernidad, pero sin permitir que algunos de sus métodos de comportamiento debiliten los compromisos con la bondad y el bien.

Se tomarán en consideración precauciones valiosas y atinados cuidados; no obstante, nunca se deberá olvidar el apoyo de la providencia divina, que jamás falta.

La actitud correcta es ahorrar para que nunca falte, pero nunca acumular en exceso mientras el crimen y la muerte vigilan a la miseria para arrebatarla.

En la empresa de Jesús, los métodos son especiales, y no son compatibles con los de aquellas organizaciones mundanas.

Si un miembro del equipo se retira, no lo impidas, sin embargo jamás lo dejes de lado, porque crees poder sustituirlo por otro que será contratado y remunerado económicamente...

Como es comprensible, y a pesar de que algunas personas remuneradas son necesarias, en la empresa de Jesús sus ambiciones son espirituales, evitando así los riesgos que se corren con los Sindicatos y las legislaciones que nunca son adecuadas...

❖

Mi reino no es de este mundo, afirmó Jesús con énfasis.
No te engañes, no ilusiones a nadie.

Proponiendo el deber del servicio al prójimo y de la iluminación íntima, invitó con firmeza, diciendo: ven a trabajar hoy en mi viña.

Estableció como algo fundamental, que el trabajador es digno de su salario; pero en Su obra, el salario será siempre la caridad para consigo mismo y para con su prójimo.

¡Ten cuidado con el mundo y sus trampas!

Lleva a Jesús hacia él, pero no traigas el mundo ni introduzcas sus métodos en Su empresa.

13

TRABAJADOR VOLUNTARIO

Entre las magistrales parábolas del Maestro destacamos una, la referida por Mateo en el capítulo XXI, versículos 28 a 30, actualizándola en su concepto y oportunidad.

Se refiere a un padre que tenía dos hijos. El hombre dijo al primero de ellos: – Hijo, ve a trabajar hoy en mi viña.

El joven aceptó, pero no fue a trabajar.

Entonces hizo la misma invitación a su segundo hijo, quien primero se negó, pero después de meditarlo, fue a la viña.

¡Trabajar en la viña! – He aquí el gran desafío para el cristiano decidido.

No basta aceptar la invitación para el trabajo, pues lo fundamental es entregarse a él, meditando antes en la responsabilidad y en las ventajas que implican su realización.

Ningún campo sembrado produce si el suelo no fue roturado, sembrado y cuando la pequeña planta surgió, no fue cuidada y defendida de la intemperie y las plagas, para que por fin se corone de flores, frutos y nuevas semillas.

Esa labor está conformada por el esfuerzo continuo y confiado, sin quejas ni reclamos, de modo que a lo largo del tiempo, sea coronada de las anheladas bendiciones.

En la actualidad, cuando las necesidades humanas se multiplican y hay tanta escasez de amor y de bondad, es imprescindible que aquél que conoce a Jesús se entregue al trabajo de la viña de manera voluntaria.

Todos disponen de minutos que se pierden en la inutilidad y que pueden ser transformados en una entrega voluntaria al Bien.

Una palabra amigable, el cumplimiento de los deberes con rectitud, acompañado con gran dosis de bondad, con la dádiva de una sonrisa gentil, y el socorro bajo cualquier aspecto que se presente, son oportunidades para ejercer el trabajo voluntario.

También existen las horas libres, que muchas veces son dilapidadas en futilidades, en la insensatez, la queja, el mal humor, la amargura, la depresión que pueden ser trasformadas en trabajo voluntario en Instituciones que se dedican a amar y a socorrer del prójimo.

No hay monedas que puedan conseguir un gesto de amor puro ni remuneraciones que promuevan una entrega profunda.

Mientras tanto, la acción voluntaria enriquece al que la practica y engrandece a quien la recibe.

El trabajador voluntario es como una luz encendida en la noche, a veces sacudida por el viento, al que enfrenta, para que la claridad pueda señalar el rumbo de quienes se encuentran perdidos en las sombras.

Ningún pago en monedas puede compensarlo completamente, porque la suya es una dádiva de amor.

Si por acaso alguien sirve en la condición de funcionario, también puede ser voluntario de acuerdo a la manera como trabaja, donando algo más de lo que el contrato exige o estipula. Ese algo más es su contribución a la viña.

Hijo –dijo el padre– ve a trabajar hoy en mi viña.

Hoy, porque mañana tal vez haya pasado la oportunidad, las condiciones podrán ser diferentes o posiblemente, la vida haya cambiado el rumbo de la existencia...

❖

Si ya puedes sentir el hálito del amor del Cristo en tus sentimientos, transfórmalo en servicio hacia tu prójimo de manera voluntaria.

No esperes recompensa de ninguna naturaleza, porque eres tú quien pretende ayudar, y no recibir socorro.

Es natural que el bien, cuando es puesto en práctica, colme de felicidad al que lo practica. Sin embargo, el objetivo no es negociar con la acción fraternal, esperando beneficios y resultados más importantes que los esfuerzos empleados.

Tu donación es valiosa cuando está dirigida a la viña del Padre.

Servir es un honor que te enriquece de vida y de responsabilidad, desarrollando tus sentimientos y ennobleciéndote interiormente.

Existen aquellos que desean trabajar voluntariamente, pero imponiendo condiciones, pasiones, comportamientos. No dan nada, sino que aprovechan las ocasiones para beneficiarse a sí mismos.

Realmente desean servir, pero como se encuentran desestructurados psicológicamente y son portadores de comportamientos irregulares, tan pronto como llegan al campo de acción, pretenden recibir homenajes, sobresalir, encontrar espacio para la vanidad personal, aprovechándose de la situación para su propio bienestar y no el de los otros.

Son sensibles en demasía y se quejan de todo con facilidad, amenazan con abandonar la tarea que eligieron espontáneamente, creyéndose indispensables, olvidándose de que llegaron después de que la Obra fuera organizada, no habiendo sido los creadores ni los sustentadores de la misma.

Poseedores de excesivos caprichos, se disgustan ante cualquier acontecimiento, olvidados totalmente del compromiso de contribuir en favor del orden y del progreso en el campo de acción en el cual se encuentran.

Imponen, sin palabras, una retribución por su trabajo, y se involucran en comentarios desdichados, en maledicencias... En vez de apagar el incendio del mal que encuentran, colocan más combustible en la hoguera, y manifiestan que el lugar no está de acuerdo con lo que pensaban, y que las personas que allí trabajan no son lo que demuestran...

Es natural que sea así, puesto que todos los que allí están se encuentran en la misma situación, son necesitados espirituales en proceso de recuperación, tal como sucede con el voluntario que se acerca.

Ser voluntario significa poseer un tesoro de amor para repartir, y no ser el necesitado que espera recibir la protección y la ayuda que aparentemente vino a distribuir.

Por lo tanto, conciente de todo lo que puedes realizar, conviértete en un trabajador voluntario que impregna las vidas con alegría y suaviza el camino por donde otros pasarán, sin preocuparte de que ellos sepan quién fue el que preparó el sendero que ahora transitan sin dificultad...

El trabajador voluntario, conciente del significado de aquello que puede ofrecer, es como una gema preciosa que brilla ante la más débil claridad, descubriendo su belleza interior.

Cuando llega, produce empatía; cuando parte, deja vacíos emocionales.

Se convierte en el alma del trabajo, porque el trabajo es su aliento de vida.

❖

El mayor ejemplo de trabajador voluntario lo tenemos en Jesús, que solamente se dedicó a todos, sin ningún pedido de retribución.

Prometió el reino de los Cielos, y modificó los paisajes de la Tierra.

Trabajó sin cesar, y confirmó que el Padre también trabaja hasta hoy.

Terapia bendita, el trabajo es mensajero de recursos emocionales, psíquicos y orgánicos que restauran el bienestar en el ser humano y lo impulsan al crecimiento interior, al desarrollo de los valores innatos que duermen en él, preparándolo para la liberación de las obligaciones materiales cuando sea llamado de retorno a la Vida.

- Hijo, ve hoy a trabajar en la viña –propuso el padre– él se negó, pero luego de meditar, fue a trabajar.

Medita y considera la oportunidad que el Padre te concede desde hace mucho, y aún no te decidiste a trabajar en Su viña.

Así, reflexionando, encamínate hoy…

14

Equívoco Lamentable

Por convención se dispuso que la felicidad sea despreocupación, seguida de alegrías en paisajes rutilantes de Sol y bienestar.

Para disfrutarla, hasta la embriaguez de los sentidos, basta acumular riquezas o recibirlas de otros, de modo que la despreocupación acompañe la trayectoria del individuo frívolo y dichoso.

Este concepto es un lamentable equívoco, por cuanto ese estado, más de placer que de felicidad, solamente existe como alguna forma de utopía.

La existencia humana es una sucesión de desafíos, mediante los cuales los valores morales se fortalecen en la lucha, desarrollando las potencialidades íntimas del ser.

Todo deseo de comodidad, sin acción dignificante, se transforma en indolencia que trabaja a favor de la desintegración moral y emocional del individuo.

Aquel que no se relaciona con una labor ejercitando la mente, vitalizando la emoción, accionando el cuerpo, avanza hacia la desorganización de su existencia y se convierte en un parásito social, nutriéndose del esfuerzo ajeno y de las concesiones de la vida, a la que no desea retribuir.

La constitución orgánica es susceptible de alteraciones sutiles o significativas, y manifiesta siempre situaciones que alteran completamente las escenas ilusorias del placer, que son siempre de breve duración.

Como consecuencia de ello, los estados emocionales están sujetos a cambios de humor, incluso cuando aparentemente todo transcurre sin dificultad.

Esa satisfacción, disfrazada de felicidad, también oculta situaciones penosas en las que el Espíritu se encuentra.

Puede indicar liviandad y desinterés en relación con los acontecimientos morales o también manifestarse como síndrome de alguna perturbación mental en proceso de agravamiento.

La persona responsable no se calma en el banquete del placer ni se relaja en el carruaje de la comodidad, disfrutando sin producir, gozando sin favorecer a los demás.

Es impulsada al esfuerzo de mejorarse a sí misma y para ello, emprende luchas y sacrificios que le exigen tensión emocional, desgaste de energías físicas, que a pesar de todo se renuevan sin cesar, frente al propio estímulo a que son inducidas.

La risa, que expresa alegría, cuando es manifestada fuera de tiempo e inoportuna, demuestra desequilibrio, falta de sensatez, porque hay momentos en que se exige seriedad, reflexión.

Ciertamente, el sufrimiento no representa felicidad, si se lo observa desde el punto de vista del inmediatismo social.

Por el contrario, su presencia en la travesía carnal constituye una invitación para evaluar cómo transcurren los días y las experiencias, convirtiéndose en una advertencia en torno a la manera de vivir.

El ser humano es un conjunto electrónico regido por la conciencia, que es la manifestación del Espíritu inmortal.

❖

Si pretendes alcanzar la meta programada para la reencarnación, prepárate para la realización de tu proceso de iluminación.

Si eres visitado por los dolores de diversa índole, no te aflijas demasiado, y considera que son mecanismos de expiación que la vida te proporciona, a fin de que redunden en alegrías reales.

Si la escasez de recursos económicos te aflige o se presentan problemas en el área de la salud, de ninguna forma consideres esa circunstancia como una desgracia, y valora la experiencia como un recurso de aprendizaje y renovación del comportamiento que trabaja por tu elevación personal.

Si sufres persecuciones y te ves cercado por problemas que exigen tu atención, mantente sereno y encontrarás los medios para superarlos a todos.

Si te acongoja la ausencia de afecto, de compañerismo, para ayudarte en la caminata evolutiva, renuévate en la esperanza de que mañana encuentres el alma querida que por el momento no puede estar a tu lado.

Muchas veces es mejor la soledad que las compañías perturbadoras, atormentadas y desesperantes, a través de las cuales son impuestas reparaciones morales muy complejas.

En la Tierra, en realidad, son felices todos aquellos que, experimentan aflicción y abandono, enfermedades y dolores, porque esos son recursos valiosos de que se vale la Divinidad para facilitar el perfeccionamiento del Espíritu que se embellece en la lucha del crecimiento íntimo.

Las personas que se complacen en el confort y la salud, la belleza y el placer, disfrutando de facilidades sin retribución de ninguna clase, se encuentran en un estado de parasitosis enfermiza, explotando los tesoros del amor de Dios, que deben ser multiplicados para la atención de todos Sus hijos.

¿Con qué derecho se atribuyen, esos individuos, el mérito para gozar de existencias privilegiadas y regímenes de excepción, cuando las demás personas se encuentran en medio de batallas continuas para obtener apenas lo necesario para la supervivencia?

Sucede que, esos que ahora sonríen con indiferencia ante las aflicciones ajenas, serán llamados para rendir cuentas y deberán comprender que la felicidad, en la Tierra, es un lamentable equívoco de sus sentidos físicos y una presunción, como vanagloria de su desarrollo intelectual.

Rían, pues, los que hoy sufren, porque cuando las pruebas en que se encuentran hayan concluido, disfrutarán de la felicidad que hoy es escasa, y que se les instalará en el corazón, disfrutando las bendiciones de la paz de conciencia.

Esta situación puede parecer una paradoja. No obstante, es la realidad, porque aquél que recibe, en la contabilidad de la vida es deudor, mientras que el que da, es acreedor.

Aquellos que ahora disfrutan, se encuentran sometidos a pruebas de evaluación de su conducta, a fin de que aprendan a aplicar, conforme a la parábola de las Vírgenes locas y las Vírgenes prudentes, que recibieron combustible con la exclusiva finalidad de que no podía ni debía ser utilizado inadecuadamente.

Por esas razones, también se estipuló, por otro lado, que estas afirmaciones que realizamos son una apología del sufrimiento, una necesidad masoquista de realización personal.

Es un equívoco más, que la mínima lógica se encarga de diluir, teniendo en cuenta la brevedad de la existencia física y la perennidad de la existencia como Espíritu.

Por lo tanto, agradece a Dios tus testimonios, tus ásperas luchas, tus ansiedades y privaciones.

Según como los administres en el presente, podrás convertirlos en alegrías, paz y prosperidad para el porvenir.

Es erróneo pensar que la existencia humana es un viaje al país de la fantasía y de la ilusión, en vez de una experiencia de embellecimiento del carácter y de desarrollo del Espíritu.

Por esta razón; Jesús fue muy enfático al aseverar: *"Mi reino no es de este mundo, por ello la felicidad tampoco lo es."*

15

PROCESOS ENFERMIZOS

Si consideramos la complejidad de la maquinaria orgánica y el desgaste que le impone el uso, en el proceso de evolución del ser, se puede comprender con facilidad la razón por la cual se instalan en ella procesos enfermizos.

Formada por equipos muy delicados, que funcionan en conjunto con las sutiles vibraciones que fluyen del Espíritu reencarnado, su armonía depende esencialmente del orden de los pensamientos y las emociones que de él provienen.

Elaborada de acuerdo a las necesidades que surgen de las realizaciones anteriores, en pasadas existencias, es un mecanismo vivo y palpitante que exige cuidados y atenciones continuas.

Ante cualquier desajuste que se produzca en el sentimiento, de inmediato se presentan disturbios equivalentes en el conjunto electrónico encargado de mantenerla en perfecto funcionamiento.

Frente a todo tipo de agresión física, consecuencia de excesos o escasez de vigilancia en su mantenimiento, surgen las fallas que luego se transforman en deficiencias en la preservación del equilibrio.

Las distintas y continuas actividades que consumen sus energías le proporcionan la distonía que la perturba, exigiéndole la recuperación de la estabilidad ideal para su correcto funcionamiento.

Los fenómenos morales del ayer, que generaron deficiencias en la estructura de los órganos, abren espacios para la instalación de variadas enfermedades.

Dirigida por el Espíritu, consciente o inconscientemente, es un admirable conjunto de mecanismos interdependientes, cuya funcionalidad está unida al equilibrio de cada uno de ellos.

Organizada para enfrentar desafíos de cualquier naturaleza, es resistente al extremo de soportar los cambios climáticos, atmosféricos y ambientales. No obstante, el delicado pinchazo de un alfiler contaminado pone en riesgo de descomposición y muerte a los tejidos que no se renuevan.

El cuerpo es el instrumento de la vida para la saga de la iluminación de la conciencia, despertando los tesoros divinos que duermen latentes en el Espíritu inmortal.

Vehículo de alto significado, su grandiosa y delicada composición está al servicio de la evolución, proporcionando el crecimiento hacia Dios, de cuyo amor y sabiduría proceden todas las cosas.

Resguardar su equilibrio mediante el respeto a su configuración, vigilar su conservación y renovar ejercicios mentales, emocionales y morales para su continuidad, constituyen el deber de todos los que adquieren la conciencia de responsabilidad en torno a la vida física.

Es por eso que los procesos enfermizos se instalan en personas desestructuradas interiormente, cuya organización resulta de los compromisos espirituales que fracasaron.

A fin de que se reorganicen los equipos damnificados o vencidos por la invasión bacteriológica, un esfuerzo hercúleo debe se desarrollado, partiendo desde el ser interior –el Espíritu reencarnado– en dirección a la forma y sus estructuras orgánicas.

❖

Todo instrumento, para poder funcionar con armonía, exige una plena identificación vibratoria con sus componentes, afinación y resistencia, de modo tal que no haya ninguna diferencia en el equilibrio de sus piezas.

Lo mismo ocurre con el cuerpo.

Elaborado por las leyes de Causa y Efecto, tiene como finalidad principal servir como vehículo para la inevitable conquista del Infinito, al que están destinadas todas las personas.

A pesar de ello, los desvíos de la conducta moral a causa de los vicios practicados con anterioridad, la elección de las sensaciones groseras y embrutecedoras de las cuales debería liberarse, el abuso de las funciones específicas con objetivos adecuados, la utilización de tóxicos y venenos de todo calibre, sobrecargan los tejidos delicados, produciendo desarmonía vibratoria con consecuentes daños en su funcionamiento.

Por ser la vida, en sí misma, una continua sucesión de intercambios esenciales, las vidas microscópicas en luchas interminables por su propia existencia son estimuladas e invaden los campos en los cuales se instalan, originando enfermedades, sufrimientos y muerte…

Concomitantemente, los conflictos heredados de los desenfrenos, la culpa que se genera del despertar de la conciencia y del deber, se graban en el campo psicológico y sus muy sensibles conductos, permitiendo el surgimiento de traumas, trastornos y desvíos de la salud emocional y psíquica.

Como sino bastaran esos acontecimientos, las desdichadas uniones espirituales negativas, en las cuales fueron establecidas relaciones de largo curso con seres infelices que se complacen en la perturbación y en la infelicidad, dan lugar a la instalación de otro tipo de enfermedades de carácter obsesivo, que terminan por dañar el aparato biológico.

La reencarnación es un recurso de iluminación en la escuela terrestre, que proporciona la conquista de la plenitud. Ante la rebeldía sistemática del ser humano, que se demora en despertar a los tesoros imperecederos de la conciencia de responsabilidad, se transforma en un taller de arreglos y reparaciones, a través del cual es posible rehacer, recomenzar, bendecir...

De este modo, no te asombres ante los insistentes acontecimientos de los procesos enfermizos.

Te encuentras en el carro fisiológico de acuerdo a lo que eres interiormente.

Según como establezcas los hábitos mentales, sociales y morales, surgirán tus experiencias carnales.

Parálisis débiles y disminución de la sensibilidad, disfunciones hepáticas y cardiacas, procesos degenerativos y amputaciones, isquemias y cánceres, todo tipo de tumores y gastralgias, problemas respiratorios y alérgicos o infecciones de cualquier naturaleza están marcados en los códigos de tu existencia espiritual, presentándose en el cuerpo somático inscriptos con el fin de que recuperes la paz desperdiciada y la salud moral derrochada.

En el área de la salud, nada ocurre que no proceda del Espíritu que atraviesa la prueba del embellecimiento interior.

En consecuencia, no te desesperes, pues agravas aún más el mal ni te entregues a la indiferencia, pues amplias el área de desequilibrio.

Detente a meditar, y busca los recursos terapéuticos apropiados para renovarte, cultivando pensamientos de paz y de alegría de vivir.

Ten siempre presente la transitoriedad del vehículo carnal y la indestructibilidad de la vida, adquiere confianza en ti mismo, y entrégate a Dios, que comanda el Universo.

❖

Porque nunca antes había encarnado en la Tierra, y no teniendo ninguna duda en relación con el proceso evolutivo, Jesús es el prototipo de la salud integral, que jamás se mostró enfermo o debilitado ni fue portador de algún proceso enfermizo.

Aún cuando fue escarnecido, azotado y crucificado, Su nobleza resplandecía a través de la paz que poseía, invitándonos a todos al cultivo de los valores imperecederos de la salud integral.

16

INDULGENCIA

¡En la criatura humana la cualidad de la indulgencia es muy escasa!

Preocupada, por la conquista de los valores inmediatos, frente a los acontecimientos desagradables cae fácilmente en la intolerancia, en la censura, la ironía, el resentimiento, el odio…

Se detiene con mucha naturalidad en el lado negativo de lo que le sucedió, dejando de lado los valores positivos en desarrollo, las cualidades morales que comienzan a afirmarse en el otro ser.

Por esa razón, se extienden la agresividad, la rebeldía, el pesimismo, la falta de prosperidad moral entre los grupos humanos.

Un pequeño incidente que puede ser superado sin grandes esfuerzos, se agiganta y se suma a otros que ya deberían estar diluidos en la memoria, agravando situaciones que se tornan difíciles de superar.

La intolerancia sistemática, que nace del orgullo personal, selecciona detalles insignificantes para justificar la inferioridad de que es objeto y el temperamento intransigente, cuando la actitud del comportamiento debería ser diferente.

Los desaciertos íntimos, que no son de interés para terceros, se vuelven públicos, a causa del placer con que son comentados por los frívolos y los difamadores, generando dificultades en la rehabilitación personal y la convivencia fraternal edificante.

Los comentarios inadecuados exageran asuntos sin importancia, trastornando el conjunto de los hechos al servicio de la radicalización de posturas.

Todas esas infelices actitudes son promovidas por personas también falibles y débiles, que transfieren hacia aquellos que sucumben en su área de observación nociva los mismos conflictos, su inseguridad y sus continuos equívocos.

No obstante, ese procedimiento se debe a la falta de indulgencia.

La indulgencia propone comprender los desvíos de los otros y la severidad para con las propias equivocaciones; revisión de los contenidos morales, con el fin de ofrecer nuevas oportunidades a los que se equivocan, mientras se invierten esfuerzos para no repetir más los mismos desaciertos; corrección del error de otros a través de nuevas realizaciones liberadoras de la culpa y del castigo; solidaridad con el equívoco mediante la ayuda oportuna, a fin de que se vuelva al camino de la rectitud.

La indulgencia es una forma de olvido del mal para tener en cuenta solamente el bien, una forma de bondad para quien se equivoca y de severidad para con el error.

La indulgencia no negocia con el crimen, con el vicio o el delito. Si bien entiende la debilidad de aquel que se compromete, de ninguna manera está de acuerdo con la acción perturbadora, otorgándole fuerza.

Se trata de una actitud solidaria de amor hacia la persona que delinque, y no de connivencia con su error.

Y combatiendo el mal de cualquier forma que se presente, socorre a sus víctimas, a las personas que no tuvieron resistencias morales para soportar la enérgica atracción.

La indulgencia es gentil, pero austera, noble y sensata, señalando los rumbos del equilibrio y de la bondad para con todos.

Vigila al individuo, naturalmente, estimulándolo para que sea severo en relación a su comportamiento moral, que debe ser aquel que construye y dignifica, mientras que es benigna para con su prójimo, enmarañado en la ignorancia y víctima de la rebeldía.

La indulgencia es la expresión de misericordia que debe ser ofrecida a todos, permitiéndoles rehabilitarse.

Sé indulgente para con tu hermano y cuidadoso en relación a tus actos.

No justifiques tus equivocaciones, mientras exiges un mejor comportamiento a tu prójimo.

Lo que te resulta dificultoso de conseguir para mejorar tu propia conducta, en otros constituye un verdadero problema que todavía no fue solucionado.

Aunque hayas superado el nivel de desequilibrio en el que se encuentra tu compañero en estos momentos, considera cuánto luchaste para vencer una mala inclinación. De esta manera fortalece, la tolerancia para con su error, aplicándole el alivio moral de la indulgencia.

Una actitud indulgente, de ninguna forma significa indiferencia hacia el compromiso o aceptación del acontecimiento lamentable. Constituye un acto de comprensión fraternal con respecto a la debilidad estructural de quien desfallece en el cumplimiento del deber, al mismo tiempo que contribuye con los recursos de la tolerancia para dar oportunidad a una futura reparación.

La indulgencia educa y orienta, consuela y dignifica.

Educa, porque enseña a repetir la experiencia frustrada, dando oportunidad al aprendizaje y el respeto a los deberes que hay que cumplir.

Orienta, abriendo nuevos caminos, no recorridos aún, para que sean transitados con seguridad y equilibrio.

Consuela, sin convertirse en juez que condena, transformándose en cambio en amigo que contribuye para el restablecimiento del orden.

Dignifica, porque proporciona la rehabilitación de aquel que se compromete, proponiéndole una nueva conducta basada en el respeto a los códigos legales establecidos.

Una actitud indulgente puede salvar una o más vidas, de acuerdo con el modelo de las necesidades que se presenten.

La persona indulgente se distingue por la paz interior de la que es instrumento, volviéndose compañera ideal para los emprendimientos sociales, laborales y espirituales.

Nadie se puede negar a un gesto de comprensión y de bondad.

De la misma forma, nadie puede atravesar jamás el río de la existencia humana sin equivocarse, anhelando apoyo y amistad.

La única excepción es Jesús, que ya era antes de que fuésemos, transformándose en el modelo que debemos seguir sin ningún recelo, porque nunca defraudó la confianza y el cariño que se Le dedican.

Frente a los testimonios de aflicción, emplea la indulgencia para con todos, perdonándoles las ofensas y olvidando siempre el mal que te dirigieron, a fin de recordar sólo el bien que te han hecho.

❖

Hay muchas heridas sin cicatrizar en las almas humanas.

Existen graves dolores protegidos por el recato en muchas vidas, que no se permiten develar.

Existen muchas angustias detrás de las sonrisas gentiles, que no son percibidas.

Muchas ansiedades se demoran en el sentimiento de vidas que se marchitan por falta de comprensión y que no se dejan identificar.

En consecuencia, actúa con indulgencia siempre y para con todos. No esperes que alguien te suplique ese bendito socorro. Concédelo antes de que sea solicitado, convirtiéndote en el hermano que ayuda en silencio, que estimula con la presencia y con quien siempre se puede contar.

Indulgencia siempre, porque, sin ninguna duda, un día también podrás necesitarla.

17

ACCIÓN SUBLIME

La acción sublime es siempre la de la caridad.

Toda actividad que promueve y dignifica a la criatura humana es una valiosa contribución en favor del progreso de la sociedad.

La generosidad ese sentimiento de prodigalidad, es inherente al hombre y a la mujer, dado su origen espiritual. Aún cuando se encuentra en la etapa inicial del proceso evolutivo, donde predominan sus instintos agresivos, el despertar de los sentimientos bajo la dirección del amor estimula esa facultad.

Al principio se presenta como un impulso inconexo, sin lucidez ni profundidad en su significado, para comenzar a florecer y a expresarse de manera diferente, vivificando todos los gestos edificantes.

Allí está –la generosidad– en forma de humanitarismo, en el cual la presencia solidaria favorece la armonía, el bienestar, y contribuye a mejorar la vida de aquellos que son sus beneficiarios.

En otras circunstancias, surge como una actitud compasiva, evitando juzgar sin piedad a aquel que se involucra en actitudes desdichadas, disculpando la ignorancia que en él persiste o el atraso que lo conduce sin permitirle una existencia digna.

Se prolonga en forma de altruismo, cuando agrega la renuncia y el interés por la recuperación o la elevación de su prójimo, feliz por la oportunidad de auxiliar.

Se engrandece a partir del momento en que descubre la emoción superior que surge de la acción del socorro a la necesidad del rebelde o atormentado, para educarlo y darle dignidad, aunque él se retuerza en las malezas de la locura a la que se entregó.

Es el aliento que sustenta el ideal de edificar el bien con desinterés personal, cuando prosperan el egoísmo y la insensatez.

Al producir la abnegación y la dedicación que la sensibilizan, enmarcando sus actos con ternura y amor, avanza triunfante por el camino del servicio y se transforma en la virtud por excelencia: la caridad.

La caridad es como una luz primorosa que necesita combustible, a fin de que continúe brillando, derramando claridad en derredor.

Su llama crepita, esparciendo el calor que modifica el clima helado de la indiferencia y proporciona bienestar, gracias a lo cual la existencia humana vuelve a adquirir coraje y valor.

Con el fin de alcanzar el objetivo al que se destina, no puede, prescindir de la fe, especialmente la de naturaleza religiosa, por el contenido de espiritualidad de que se reviste.

Esa visión espiritual que da sentido a la vida, se vuelve grandiosa ante su perennidad.

Mientras se advierte la transitoriedad de la vida, las modificaciones que experimentan los seres en su forma física, material, la convicción con respecto a la continuidad de la existencia después de la tumba, proporciona una visión profunda y un significado trascendente para la acción caritativa.

❖

En el árbol de la existencia humana, podemos considerar a la fe como la flor exuberante en donde se origina el fruto nutriente de la caridad.

Toda etapa de desarrollo de los frutos es precedido por el florecimiento.

No obstante, la savia de ese árbol procede del Padre Creador, que le da origen y protege su continuidad, sustentándolo de acuerdo con la calidad de la producción.

La caridad se manifiesta en forma natural, sin mezclarse con la ambición de ganancias inmediatas o remotas, sin asumir ningún gesto egoísta, mantenido por el amor que se extiende generoso como dádiva de Dios.

Es semejante al perfume llevado por una brisa bendecida y se convierte en alimento para el alma.

Sin la presencia de la caridad en el mundo, las conquistas de la inteligencia y de la cultura no bastarían para arrancar al ser humano del caos de sí mismo.

La caridad vela silenciosamente y ennoblece las vidas, presentándose cuando todo se muestra sin esperanza, en una terrible conspiración contra la dignidad y la alegría.

Ella levanta al caído y camina sustentando al que se mueve con dificultad.

Nunca se cansa ni exige nada.

Es jovial y gentil, no se jacta ni se impone en ningún momento; se mantiene en clima de armoniosa convivencia con los factores generados por el Bien.

Mientras brille en el mundo, se puede tener la certeza de que el Padre Generoso continúa amparando a Sus hijos.

Como sucede con las otras denominadas virtudes, progresa espontáneamente, instalándose después en el ser, acompañándolo durante todo su proceso evolutivo.

A pesar de eso, para que se pueda establecer como parte integrante de la existencia, como hábito superior de la conducta, se hace necesario ejercitarla, comenzando la tarea con pequeños gestos de bondad y de afabilidad, de compasión y de misericordia para con el prójimo, hasta grabarse como esencial para la existencia.

No tiene solamente como objetivo al ser humano, sino que abarca a todas las expresiones vivas que existen, como la Naturaleza en sí misma, a los cuales inspira ánimo y ofrece apoyo.

Sin embargo, en relación con el prójimo, tiene una finalidad principal, porque fue exaltada por Jesús en Su incomparable parábola del buen samaritano, cuando al caído todo le era adverso, el forastero, se convierte en un ángel dotado de amor y de bondad, que lo arranca del abandono, lo atiende y lo resguarda de cualquier peligro, con esfuerzo y sacrificio personal, sin pensar en sí mismo, pese a que sabía que era detestado.

La caridad jamás se detiene para privilegiar a unos en detrimento de otros, y no elige primero a los que comparten la misma grey o el mismo grupo, sino que primeramente se dirige a los opositores, a los adversarios, a los que trata con dignidad y sin diferencia alguna con relación a la parcialidad a la que pertenecen, a los intereses que cultivan, a las creencias que profesan.

Por eso, es una acción sublime.

❖

La sublime acción de la caridad cambia el comportamiento del beneficiado, convirtiéndose en su compañera afable, permaneciendo como energía del amor que siempre sustenta.

Las acciones benéficas y solidarias revelan el nivel de progreso moral del individuo y de un pueblo, avanzando hacia la elevada expresión de caridad conforme Jesús la pregonó y la vivió en todos los momentos, antes y después de Su muerte.

18

HÁBITOS

La existencia humana se caracteriza por los hábitos. Todo individuo que no tiene hábitos socialmente considerados buenos, los tiene malos.

La acción genera el hábito y éste constituye una naturaleza diferente que se incorpora a la conducta.

El hábito es responsable por el carácter del ser humano, que lo hace digno o vulgar, conforme a la estructura emocional de que se reviste, por cuanto los valores que adornan la personalidad definen su forma de ser.

La vida ofrece recursos preciosos que no siempre son valorados adecuadamente, debido a la imperfección humana, resultado de los hábitos desafortunados adquiridos en los períodos anteriores a su desarrollo espiritual y moral.

Arraigados en el comportamiento y derivados de los instintos dominadores, se convierten en terribles manifestaciones que detienen al sujeto en los procesos atrasados de la evolución.

A través de los hábitos, se expresan aquellas emociones y aspiraciones que generalmente se mantienen como atavismos perturbadores, exigiendo que la razón y el descubrimiento de las excelentes facultades de la alegría y del vivir bien nos vuelvan a orientar, dando inicio a nuevos actos que se han de convertir en automatismos dichosos.

Como consecuencia de esos hábitos que no valorizan lo que se tiene en detrimento de lo que no se posee, y que ciertamente no hace falta de inmediato, surgen las quejas y reclamaciones, el vocabulario grosero y descortés, las actitudes vulgares y sin compromisos.

Un buen criterio sería hacer una lista de todo lo que se tiene y es valioso, ya sea respecto a las personas, las cosas o los sentimientos.

La relación resultaría muy reveladora, confirmando que la vida no consiste en las ambiciones que se persiguen, sino que debe convertirse en un himno de gratitud por lo que se puede disfrutar y ni siquiera ha sido valorado.

En un análisis, aunque sea sucinto, en torno a la organización fisiológica, de la bendición de los sentidos, del funcionamiento de los órganos, la salud, la lucidez mental y el equilibrio emocional, sería fácil constatar que son concesiones de Dios para la felicidad de todos.

Si así se hiciera, de inmediato surgiría el sentimiento de gratitud, que debe adornar la existencia humana en todo momento.

No obstante, las personas se quejan ante cualquier limitación: los pequeños impedimentos, los acontecimientos naturales del proceso existencial, y reclaman todo el tiempo.

Existen excepciones, que se refieren a las existencias carentes de los agradables patrimonios mencionados, debido a las necesidades de prueba o expiación, delineando, de esta manera, la futura felicidad después de ese tránsito más difícil.

¡Cuántos corazones afectuosos envuelven la existencia, desde los padres, maestros, amigos y conocidos que se convirtieron en compañeros de jornada, constituyendo una verdadera dádiva de la vida!

Todos poseen lo esencial para la jornada evolutiva en forma de cosas que resultan importantes para el desempeño de las tareas. Y cuando éstas escasean, existen razones para que así sea, convirtiéndose en una gran lección de sabiduría en torno a lo necesario y lo superfluo que existe en el mundo.

Siempre hay reclamos y quejas insensatas por lo secundario e innecesario, que se supone que hace falta, cuando se está colmado de lo indispensable en exceso.

Otros valores, como la fe, la esperanza, la alegría, la honestidad, la confianza, los sentimientos que enriquecen la vida, aguardan ser reconocidos, a fin de multiplicarse.

El hábito de expresarse de manera poco convencional, utilizando vocabulario vulgar y agresivo, convierte a la persona en un ser inescrupuloso y enfermo, porque ataca con su formación defectuosa a los demás, que no siempre están dispuestos a ese tipo de conducta, alejándose inevitablemente de su convivencia.

Del mismo modo, podrá crear nuevos hábitos de conversación saludable y placentera, generando simpatía y sintonizando con las Fuerzas espirituales elevadas que rigen el Cosmos.

Así también se comporta aquel que adopta expresiones chocantes, un comportamiento servil, descuidado, amenazante.

Despreciándose y permitiendo que se instalen en él los hábitos morbosos, es como su conducta se hace insensata, licenciosa, por falta del equilibrio que surge del discernimiento en torno a los deberes éticos para consigo mismo y para con los otros.

Los hábitos se deben estructurar en comportamientos éticos, que no son respetados en el afán de conseguir el triunfo, el éxito de cualquier manera, pues sólo importa alcanzar el tope de la aspiración, sin ningún respeto por los medios empleados.

El éxito, no obstante, está muy lejos de ser esa situación envidiosa que se ubica en la condición de alcanzar el prestigio, la autoridad, la posición relevante.

Se puede alcanzar ese objetivo por medios oscuros, lo cual es relativamente frecuente, produciendo sin embargo, en lo íntimo, vacíos existenciales y conflictos perturbadores que empujan al uso del alcohol y de otras drogas químicas, cuando no a los abusos morales perversos, que desorganizan y causan desdicha.

El éxito real es aquel que se basa en los padrones de la conciencia libre de conflictos, armonizada con los ideales que son buscados.

Son ellos los que forman el carácter, posibilitando los sentimientos adecuados para la existencia armónica, rica en compensaciones emocionales y espirituales.

Al proceder de esta manera, surge la real libertad del ser, aquella que no puede ser cercenada por imposiciones políticas, religiosas, sociales, pues es de naturaleza interior. Nadie puede impedir a otro que sea lo que piensa, especialmente cuando está vinculado a objetivos dignificantes.

Durante las persecuciones de todo tipo, que siempre existieron en la sociedad, los verdugos de los pueblos y de los individuos nos sometieron a sus caprichos, en la faz externa, aquella que es visible, sin jamás conseguir una alteración profunda en el sentido íntimo de cada uno. En razón de ello, sus mandatos arbitrarios siempre fueron de efímera duración, porque la libertad, el amor, la razón de ser y de pensar, que constituyen las conquistas del proceso evolutivo, son imbatibles, indestructibles. Pueden permanecer envueltas en la oscuridad impuesta, pero nunca, sin la posibilidad de expandir la luz que en ellas existe. Una vez transcurrido el período sombrío de la dominación, las encontramos allí, fulgurantes, conduciendo a los individuos y a las masas.

❖

En conclusión, el hábito de pensar y de actuar correctamente, resulta indispensable para una existencia digna.

Es por ello que la acción de la gratitud asume una postura compatible con las conquistas logradas, proporcionando nuevos horizontes para alcanzar.

Posiblemente, por esa razón, cuando Jesús enseñó a Sus discípulos la Oración dominical, ubicó en primer lugar la exaltación del Padre que está en los Cielos, santificando Su nombre...

La gratitud debe presidir todos los hábitos del ser humano, para formar un carácter purificado por los actos practicados, especialmente ante las enseñanzas del Evangelio.

19

RESPETO POR LA VIDA

Entre los imperativos de la evolución establecidos por los Códigos Soberanos, merece una reflexión para el modo de vivir, el respeto por la vida, esencial para el equilibrio y la felicidad humana.

El respeto por la vida abarca el sentimiento de elevada consideración por todo lo que existe, y no sólo se detiene en las personas sino en todas las expresiones de la Naturaleza.

Cuando no existe esa manifestación perecen los valores éticos y los anhelos superiores pierden su significado.

Impulsado por los tormentos de la conquista del éxito aparente, el ser humano, posiblemente sin darse cuenta, está descuidando esa conquista valiosa, que está dirigida, en primer término, al prójimo y que desde él se irradia hacia todas las formas existentes, vivas o no.

Se entrega al egoísmo avasallador, gracias al cual la ambición por el exceso descontrola los sentimientos de dignificación, imponiendo su interés en detrimento de los valores que se aplican en los demás.

La excesiva prerrogativa de derechos que se permite, pone distancia entre los distintos miembros que conforman la sociedad, para separarlos lamentablemente y dividirlos en clases que son medidas en función de los recursos sociales y económicos, pero nunca morales.

El abismo, inevitable, genera reacciones de animosidad que se convierten en odios insanos, dando lugar a las batallas de la violencia doméstica y urbana, que desembocan en las revoluciones, en los actos de terrorismo y en las guerras nefastas.

El exceso de tecnología responsable por la comodidad y el confort exagerado para unos, y su ausencia absoluta en otros, fomenta la aparición de la desconfianza y de la pérdida de respeto que debe imperar en los actos y las relaciones.

La auto-promoción y la fascinación por alcanzar la posición más destacada en las diferentes actividades, sin mucho sacrificio, gracias a las propuestas de los medios de comunicación desvariados, que estimulan la mentira, el disimulo, la apariencia para lograr las metas, congelan en la indiferencia a los sentimientos nobles, empujando a los ambiciosos hacia la falta de respeto por su hermano de jornada, en la torpe ilusión del triunfo personal a cualquier precio.

No obstante, nadie puede ser feliz individualmente en el desierto por donde deambula o en una isla aislada de la convivencia social.

Se cree, erróneamente, que poseyendo dinero y disfrutando de influencia política o social, se compra con facilidad el afecto, se consigue el compañerismo... Tal vez eso suceda, pero no en relación a la persona y sí a sus recursos transitorios, lo que da por resultado más soledad y desasosiego interior, que son responsables por el abuso del alcohol, de las drogas químicas, la sordidez emocional y sexual a que muchos se entregan en fugas espectaculares y trágicas.

❖

La vida solamente resulta digna y próspera cuando se construye sobre la piedra fundamental del respeto.

Si se valorizan en demasía las cualidades inferiores de las demás personas, olvidando las elementales buenas costumbres de la benevolencia, la tolerancia, la solidaridad, y el respeto, se cae en el anarquismo, en la lucha enfermiza, en el entorpecimiento de las relaciones humanas, ocasionando inestabilidad en los comportamientos y dando oportunidad para el surgimiento del desánimo en la existencia.

Las sospechas injustificadas se propagan entre los individuos, y generan la falta de respeto personal frente a la mezquindad que engendra la maledicencia, la calumnia, las acusaciones falsas, las traiciones infelices y los juicios arbitrarios.

El respeto por la vida eleva el patrón de conducta, dignifica a aquellos a quienes está dirigido y eleva moralmente a quien así se comporta.

Las conquistas modernas científico-tecnológicas, que han colocado a los hombres y a las mujeres en niveles de deslumbramiento —y de soberbia— también les ha proporcionado el distanciamiento entre unos y otros, como consecuencia de los conflictos y de las torpezas espirituales que aún permanecen en su interior.

La comunicación virtual, por ejemplo, que brinda inestimables beneficios, se está transformando en instrumento de perturbación, ofreciendo campo para el desborde de las pasiones perversas y groseras en intercambios nefastos, que agravan el cuadro socio-moral de la Tierra.

…¡Y la falta de respeto por la vida se propaga!

En ese proceso de restauración improrrogable para la vigencia de la dignificación humana, la honestidad moral se convierte en una conducta esencial, pues proporciona confianza en las relaciones y bienestar de conciencia personal.

Hay una tendencia constante hacia la deshonestidad, para herir al otro, disfrazando los sentimientos bajo una máscara agradable que conquista simpatías rápidas, proyectando al individuo con el propósito indigno de trasmitir una imagen que no se corresponde con la realidad.

En esos casos, se piensa en disimular lo que es legítimo, presentando lo falso con el objetivo de alcanzar las metas promocionales que, en verdad, no otorgan plenitud.

Naturalmente que se presentan justificaciones inadecuadas para dicha conducta, aduciendo que ese es el camino que siguen los otros, en su casi totalidad, lo que no es correcto. Además, el hecho de que alguien se comporte equivocadamente, no puede constituir un parámetro de seguridad para que los otros hagan lo mismo.

Ese argumento frágil, que sostiene que todos actúan de esa forma, persiguiendo sus ideales e intereses, demuestra la inseguridad personal que existe en cada uno y la falta de valor para mantenerse integro.

La ausencia, por lo tanto, de integridad, que hace del individuo un ser completo, sin divisiones, revela la falta de respeto por la vida.

No se es aquello que los otros piensan, por más conocimiento que se tenga de él.

El peso de esas opiniones produce un retrato distorsionado de quien debe preocuparse por conseguir su realidad personal, mediante la lucha continua para alcanzar la victoria sobre sí mismo, sobre su inferioridad moral.

En ese conflicto, que se estableció en la sociedad, el lenguaje sufrió un golpe significativo, alterándose en su forma y contenido.

Las expresiones amables y gentiles han sido sustituidas por otras, groseras o de doble sentido, cargadas de ironía y perversidad mal disimulada, que hieren a los que reciben esos agravios y golpes.

La ausencia de gratitud y de gentileza para con los demás, permite a ese individuo egoísta, atribuirse valores que realmente no posee. Si los tuviese, sin duda reconocería las cualidades que subestima en los otros.

De ese modo, en medio del ridículo que pretenden imponerle los arrogantes e insensatos, el respeto por la vida anda a los tropiezos.

No obstante, como la ley universal es de progreso, tarde o temprano se descubre la excelencia del deber, y el respeto se abre camino en las mentes y en los corazones, renovando la vida.

Elabora una lista de los desafíos íntimos que te conducen a situaciones embarazosas y trabaja ítem por ítem cada día, experimentando las inefables alegrías que se producen como consecuencia del respeto por la vida.

Descubrirás nuevamente el amor y la satisfacción de repartir y de compartir las alegrías con tu prójimo.

Por la forma en que serás respetado y estimado, constatarás el resultado excelente de tu renovación interna, respetando la vida.

…Y en ti mismo notarás la inefable satisfacción de estar en paz con tu conciencia, gracias a tu respeto por todo y por todos, ya que la vida es la sublime concesión de Dios que no puede ser despreciada.

20

HONESTIDAD

A causa de los hábitos enfermizos procedentes de experiencias anteriores fracasadas, en la naturaleza humana hay una tendencia casi mórbida a repetir los mismos deslices morales.

La deshonestidad o facultad de ser desleal, se destaca con frecuencia en el elenco de los valores humanos, mucho más de lo imaginable, y conduce al sujeto hacia los comportamientos enfermizos.

El deshonesto piensa que los demás también lo son, y por esa causa justifica las actitudes infelices que se permite mediante artilugios de astucia bien urdida.

Cree que es mejor engañar a los otros que ser burlado por ellos. En consecuencia, asume comportamientos inconvenientes, que inicia a través de la mentira, creyendo que podrá emplearlos con facilidad, valiéndose de la confianza que las demás personas han depositado en él.

Por cierto, en algunos intentos parece tener éxito con ese procedimiento, alcanzando las posiciones ambicionadas, logrando las metas que persigue. Mientras tanto, cuando es sorprendido en la falsedad en relación con los hechos, replica con otras equivocaciones que realmente no convencen, para complicar su propia situación.

Dejado a un lado a medida que se hace conocido, no es raro que se aturda y sucumba en amarguras y rebeldías, por no ser aceptado en el grupo social y luego repudiado en la intimidad hogareña.

Frustrado en sus planes, sin que haya alcanzado sus objetivos, se desliza hacia actuaciones más graves, volviéndose deshonesto.

La dignidad es fundamental para una existencia dichosa bajo cualquier aspecto que sea considerada.

Sus comienzos se encuentran en lo profundo del Espíritu, en razón de su origen divino y del deotropismo [3] que lo atrae inevitablemente.

Constituyendo un gran desafío ético-moral, necesita del entrenamiento que surge de la reflexión, del análisis y de la comparación entre los valores verdaderos y aquellos que no poseen una estructura legítima.

Desde el comienzo, la honestidad se manifiesta en el respeto que el individuo tiene por sí mismo, imponiéndose normas de equilibrio a las que se somete jubilosamente.

Esas reglas no son identificadas por los demás, sino vivenciadas por quien desea descubrir la elevada condición de ser digno.

Su curso es semejante a cualquier experiencia evolutiva, se inicia en las actitudes de pequeña monta y crece con naturalidad en los ideales relevantes a que se entrega.

Cuanto más se esfuerza por alcanzar el objetivo elevado de la conducta honesta, más descubre cuán atrayente y compensadora es, proporcionando bienestar y paz.

Portadora de sentimientos elevados, la honestidad es como una luz interna que se exterioriza dominadora, disipando la sombra de la ignorancia y la máscara de la mentira.

❖

La honestidad es portadora de una incomparable terapia curativa, así como previene muchos males y diversas enfermedades que se originan en los conflictos personales y en los tormentos disfrazados de alegría.

El hecho de actuar honestamente proporciona conciencia de paz, y libera de cualquier tipo de culpa, lo que permite la adquisición de energías fortificantes para la mente, las emociones y el cuerpo.

De inmediato surgen los efectos saludables, como el respeto propio, que no permite al individuo actuar mal en relación a sí mismo ni a su prójimo, tal como quisiera que hicieran con él.

Luego, al dedicarse al trabajo sin la necesidad de pedir disculpas, florecen su autoestima y la alegría real de vivir, porque desaparecen el miedo y la inseguridad de ser descubierto.

Al mismo tiempo, consigue captar la simpatía de otras personas, que se sienten atraídas por sus emanaciones psíquicas y emocionales, que empiezan a respetarlo, infundiéndole más confianza y demostrándole la consideración que lo llena de júbilo moral.

Mientras se multipliquen los casos de deshonestidad, sus victorias serán las de Pirro, caracterizadas por los prejuicios de naturaleza íntima que atormentan a sus triunfadores de mentira.

Incluso aquellos que se comportan deshonestamente, a pesar de confraternizar con otros de la misma estirpe, por motivos obvios, se nutren de una mal disfrazada animosidad en relación con los semejantes porque conocen los escabrosos senderos que recorren.

No es fácil cambiar un hábito reprochable por otro de naturaleza honesta. El automatismo resultante del hábito en el que la persona se complace, la empuja a la repetición de los errores y a las conductas execrables.

Sin embargo, la decisión de adoptar la nueva experiencia, produce estímulos que auxilian en la repetición de los actos correctos.

Cuanto más avanza, descubre nuevos métodos de dignificación ignorados con anterioridad y que ocupan los vacíos de la existencia.

El vicio de actuar de manera equivocada, después de haber generado el condicionamiento, parece dejar un sabor amargo que se transforma en una extraña curiosidad por repetirlo, pero de manera diferente, eludiendo a su víctima…

El deshonesto vive a solas con su drama; ansioso e inquieto, no confía en nadie.

La dignidad, por otro lado, hace amigos de prolongada y proficua duración.

De la misma forma como se puede identificar la mentira en aquel que la enuncia a través de su expresión corporal, así sucede con la deshonestidad. Ella exuda vibraciones que la tipifican por el tenor de las ondas perturbadoras y agresivas.

Por otro lado, tanto en uno como en otro —el mentiroso y el deshonesto— los músculos del rostro y del cuerpo reaccionan en sentido contrario a la palabra enunciada, porque el sistema nervioso central no participa de aquello que se está expresando.

Mientras la deshonestidad produce intranquilidad, la vivencia de ser honesto provoca armonía.

La farsa puede producir favores para los sentidos, para el egoísmo, pero solamente la honestidad proporciona los tesoros de la exuberante alegría de vivir.

La honestidad de Jesús, que jamás se valió de ningún tipo de artificio fraudulento, venció la hipocresía de aquellos que Lo tentaban, enfrentó las infamias con serenidad, demostrando Su grandeza moral.

De ese modo, nunca te permitas ser deshonesto.

El aparente beneficio que puedas disfrutar por medio de su acción, se convierte en una pesada carga que conducirás en la conciencia.

Además, la inseguridad y el miedo de que se descubra la conducta insana, no compensan el cúmulo de cosas y consideraciones engañosas que disfrutas.

Que la honestidad sea tu disciplina moral en todas las acciones que fluyan de ti.

Si por acaso, en algún momento flaqueas, recomienza y fortalécete, imitando a Jesús, que optó por la honestidad en el mundo fantasioso, divulgando el reino de los Cielos de duración eterna.

21

Comportamiento Amable

Es comprensible que en una obra de arte, rica en belleza, de inmediato sean percibidas, si las posee, sus imperfecciones, las desarmonías que hieren el conjunto.

Lo mismo ocurre en relación con el ser humano, en lo que se refiere a sus imperfecciones morales, a sus disturbios de conducta, a sus errores, que sobresalen de manera agresiva, como sinuosidades que perturban las formas de algo que exige equilibrio.

Frente al hábito de la censura, de la capacidad de ver el lado negativo, del cultivo de la maledicencia, el individuo percibe pronto esos trazos negativos en la personalidad de aquellos con los cuales convive, dando lugar al reproche, a la reclamación.

En consecuencia, cuando se trata de compañeros sinceros, en nombre de la honestidad fraternal, se presentan las advertencias que señalan aquellas manifestaciones perjudiciales, con objetivos sinceramente edificantes...

Esa actitud siempre traduce interés por la renovación del otro, como una invitación a la corrección de los errores, en forma de contribución valiosa para que se instalen los hábitos saludables. Sin embargo, aunque esas contribuciones estén revestidas de buenos propósitos, se hace necesario tener cuidados especiales para que el amigo no se convierta en fiscal de las imperfecciones de su prójimo.

Esa postura, además de ser antipática e injusta, termina por coartar la naturalidad del otro, que se siente vigilado y reacciona por el disgusto resultante del cansancio de las observaciones rectificadoras y molestas o por la depresión, al considerarse incapaz de comportarse de acuerdo a los patrones éticos y sociales vigentes.

Una indicación oportuna y gentil, como observación para enmendar un error, es siempre una valiosa contribución en favor de aquel que yerra o que se compromete, y que acepta la orientación con placer y reconocimiento.

No obstante, la firmeza de la censura, aunque sea edificante, aleja a aquel que se cree humillado, alterando su modo de ser anterior y el afecto que mantenía en relación al amigo exigente.

Así como se identifican esas conductas inadecuadas, también es válido tomar nota de aquellas que expresan valores morales y sentimientos elevados, que igualmente existen en el individuo.

Del mismo modo que la contribución amistosa advierte cuando es necesario, jamás deberá olvidar que el estímulo, la palabra gentil, el gesto amable, contribuyen en favor del desarrollo moral del otro.

El proceso de crecimiento personal es muy complejo y resulta de un continuo esfuerzo, en el que se debe insistir, para la generación de una nueva conducta, que supere la anterior imperfecta.

Un sentimiento de bondad legítima, siempre es indulgente en relación con las imperfecciones ajenas, al tiempo que ayuda en la ampliación de los buenos sentimientos que todos los seres humanos poseen.

En el hombre hay más bondad que perversidad. Y cuando esta última predomina, es consecuencia de la inferioridad espiritual o resultado de algún trastorno o enfermedad, que necesitan más ayuda que reproche.

❖

Sé tú quien pronuncie una buena palabra para auxiliar en cualquier situación.

Una convivencia amable y edificante es indispensable para las relaciones sociales felices.

No es necesario usar el verbo para los elogios inoportunos e ilegítimos, sino para propiciar valor y bienestar.

Un comentario estimulante acerca de una actitud o acción correcta proporciona recursos para su repetición hasta hacerse automática, como hábito dignificante.

Una acotación bien dirigida, que invita a otro a la alegría por estar actuando correctamente, lo desafía para que continúe en la conducta adecuada que ha logrado.

Un relato positivo en torno a alguna propuesta feliz tiene cabida en cualquier circunstancia, pues proporciona una compensación emocional agradable.

Todos necesitan los comportamientos amables de los amigos para con sus existencias.

Se puede y se debe corregir al compañero o al familiar, cuando se encuentre equivocado, no obstante, de inmediato hay que amenizar la observación con el complemento de algo bueno y positivo, que pueda infundirle valor para afrontar nuevos intentos dignificantes.

El eminente libertador de los esclavos de su país, el americano Abrahan Lincoln, narró que al ser electo presidente de la República encontró, en la residencia oficial donde vivía, muchos funcionarios que los subestimaban, que se sentían superiores y más capacitados y siempre dispuestos a censurar, a crear dificultades y obstáculos desagradables.

Sin embargo, en vez de enfrentarlos, poniendo en práctica los mismos mecanismos de conducta, los estimuló para que cumpliesen con sus deberes y ayudasen a gobernar bien el país, para la felicidad de todos los ciudadanos...

Un comportamiento amable desarma los conciliábulos perversos, desestabiliza las orquestaciones perniciosas, desanima a los censores obstinados de la conducta ajena.

La palabra noble y sincera siempre da fuerza a quien la recibe, y se convierte en honra para quien la ofrece.

Siempre es posible corregir ayudando y abriendo espacio mental para la alegría ante las nuevas perspectivas que surgen para quien sabe actuar correctamente, sin dejar marcas de desagrado ni generar situaciones de apremio.

Todos se equivocan y aprenden con la propia experiencia o con la contribución de otro más experimentado y conocedor.

No obstante, la forma como se debe enseñar, es lo que constituye el desafío a ser superado mediante la actitud amable.

Si corriges, a quien sea, ten cuidado de no desanimarlo, y auxílialo siempre con el mensaje libertador.

Jesús siempre fue el inusual ejemplo de comportamiento amable.

Cuando enseñaba o amonestaba, siempre concedía la dádiva de luz para no permitir que ninguna sombra permaneciese dominando a aquél que se Le acercaba en busca de auxilio y orientación, amparo y misericordia.

Haz tú lo mismo.

Nunca dejes a nadie con las marcas dolorosas de tu reprimenda o la severidad de tu amonestación, sin ofrecerles una sonrisa, una expresión de bondad, una propuesta amable y feliz.

22

FRACASO Y ÉXITO

El proceso evolutivo es una empresa desafiante, caracterizada por las experiencias sucesivas que se almacenan en el ser, para ofrecerle los valores que contribuyen a la continuidad de su realización.

Cada etapa superada da lugar a un nuevo nivel para ser conquistado a través de la actividad relevante, de elevación.

Al liberarse del primitivismo, el Espíritu se dirige hacia la sabiduría a través del esfuerzo, la templanza y el sacrificio, porque la suya es la meta que se aureola de plenitud.

Por lo general, esa labor acontece por medio de diferentes mecanismos educativos que facultan el aprendizaje, a fin de que sea alcanzado el éxito, no siempre de fácil acceso.

Se cree, con cierta dosis de ingenuidad, que el éxito es un blanco muy simple de conquistar, y que los triunfadores, por eso mismo, transitan por caminos alfombrados con victorias y revestidos con facilidades confortables.

Quien observe a quien alcanzó la meta de un emprendimiento, no podrá tener idea de los obstáculos que debió enfrentar ni de los resultados negativos que se produjeron.

Sin embargo, de cada uno de ellos obtuvo una experiencia esclarecedora para el próximo enfrentamiento, que lo alentó para dar el siguiente paso con seguridad.

Frente a ese estímulo, a las dificultades encontradas les siguen los resultados edificantes, muchas veces cargados de frustraciones.

El poco éxito pues, es la lección valiosa que contribuye de manera irrefutable para el éxito futuro.

Einstein, por ejemplo, refería que el noventa y nueve por ciento de sus razonamientos estaban casi siempre equivocados, pero el uno por ciento restante representaba la solución del problema a resolver.

Por eso, no se desanimaba y jamás consideró fracasos a esos esfuerzos que no tuvieron éxito. Lo que merecía perseverancia era el deseo de alcanzar el resultado feliz, sin contabilizar el riesgo aplicado.

De ese modo, es importante no desanimarse ante la actividad iniciada, por más penosa que se presente.

No renunciar a encontrar la manera más segura para lograr los resultados felices, constituye el deber de todo aquel que se empeña en mejorar.

El éxito fue definido como la conquista del objetivo a cualquier precio, empeñando incluso los valores morales, que quedarán ultrajados.

Ese éxito aparente, mientras tanto, es portador de un sabor amargo, que deja una impresión amarga en la conciencia.

Con el transcurso de los días se engendra el tedio, la indiferencia, la pérdida del sentido existencial de la vida, que momentáneamente permanecían en un plano secundario, mientras se disfrutaba la gloria que proporciona placer.

Nadie alcanza el éxito sin antes experimentar distintas decepciones, que enseñan cómo no se debe actuar cuando se está en la búsqueda de óptimos resultados.

❖

La existencia humana se enriquece, cada vez más a medida que el individuo agrega conocimientos y experiencias, emociones y acciones que lo impulsan hacia delante.

Hay, de ese modo, una significativa diferencia entre la falta de éxito y el fracaso.

La falta de éxito representa un resultado negativo, un no éxito en tanto que el otro produce un efecto desastroso.

El fracaso expresa falta de recursos, pérdida de proyectos, produciendo desesperación frente al perjuicio irrecuperable.

La persona fracasada pierde credibilidad y ve su nombre asociado a la deshonestidad, a la conducta irregular. En consecuencia, reflexiona sobre la oportunidad perdida y cae en la frustración, cuando no se deprime en la aflicción desmedida.

La falta de éxito, en cambio, cuando es bien admitida, proporciona el ánimo necesario para nuevos intentos, con la carga de la mala experiencia, que evita repetir el proceso empleado anteriormente

El hombre y la mujer emprendedores siempre consideran los riesgos que se presentan en las actividades a la que se entregan como inevitables. Por ello los examinan, buscando mecanismos de superación y recursos para disminuir el número de los acontecimientos, a fin de que no impidan el éxito.

De esa forma, cuando acontecen las contrariedades inesperadas, aguardadas con anticipación, se disponen de buenos estímulos para dar continuidad al compromiso.

Una batalla perdida no representa el fracaso de una tropa. Esto solamente ocurre cuando se trata de la batalla que decide la guerra.

En lo que se refiere a la existencia humana, es necesario evaluar las adquisiciones del conocimiento y de los valores morales, a fin de que se establezcan metas que deben ser alcanzadas incluso después de los tropiezos y las caídas.

El falso concepto de que muchos individuos son beneficiados a causa de las facilidades de que disfrutan, aflige a los que se enfrentan con obstáculos, y los hace sentirse desprestigiados.

Sin duda, existen conquistas menos penosas, pero cuando no están señaladas por el esfuerzo que desarrolla la capacidad de discernimiento para conducirse correctamente, los desastres posteriores llegan indiscutibles.

Cuando no se aprendió a realizar, no se tiene capacidad para administrar ni preservar lo que se ha conquistado.

La sabiduría enseña que la falta de éxito y la dificultad se tornan maestros que orientan para lograr el éxito.

Nadie es especial o intocable ni vive distribuyendo éxitos ininterrumpidos hasta el momento en que llega a la cima de la carrera.

Eso sucede tan sólo en los cuentos de hadas y en las fábulas ancestrales.

Todo exige esfuerzo, empeño, lucha.

La búsqueda del éxito es el resultado de una bien emprendida realización, que también está marcada por algunos contratiempos durante su ejecución.

Jesús, que vino a la Tierra investido con la tarea de construir en los corazones el reino de Dios, se empeñó con total abnegación, a pesar de que no logró de inmediato el resultado que ansiaba.

Sabía, no obstante, que debería colocar primero las bases de la gloriosa construcción, y que el tiempo, mediante los procesos evolutivos a través de la Historia, se encargaría de materializar la tarea.

Quien Lo viese censurado por los odios y las persecuciones, encorvado en la cruz, pensaría que Él no había conquistado el éxito de Su misión. Sin embargo, fue a través de ese aparente fracaso que consiguió el éxito total, estableciendo en las almas la esperanza y la alegría que fluyen del amor, para los tiempos futuros.

23

EL AMOR ANTE LOS VÍNCULOS

El amor es una fuente inagotable de bendiciones y el medicamento eficaz para curar las heridas del sentimiento.

Cuanto más se expande en el corazón, más concesiones de alegría y felicidad proporciona.

Depositario de una fuerza inusual, atrae a las vidas que estaban a punto de sucumbir en dirección a las altas cimas de la esperanza y de la paz.

Flujo continuo de energía instalada en el individuo, lo enriquece con coraje y valor para los emprendimientos más difíciles que ejecuta con placer.

Es el más vigoroso eslabón de sustentación de las relaciones humanas, especialmente cuando es preservado por la generosidad que mantiene vivos los ideales de ennoblecimiento.

No se entorpece cuando surgen dificultades ni desiste ante la lucha, enfrentándose a los desafíos que deben ser superados.

No obstante, sucede que las herencias psicológicas humanas, no siempre felices cuando se refieren al amor, establecen parámetros para que se exprese dichoso, pero como carecen de legitimidad, producen desencantos y sufrimientos.

En los vínculos familiares, el comportamiento de padres castradores o posesivos, negligentes o manipuladores, marca de tal forma el sentimiento de amor, que aquellos que lo experimentan en esa condición se arman para evitarlo o se niegan a brindarse, pues tienen miedo a transformarse en víctimas nuevamente.

En otras ocasiones, la confusión de los sentimientos que resulta de la incomprensión de su contenido, confundido con deseos sexuales y arbitrarias dominaciones, lleva a una total distorsión de sus elementos constitutivos, generando reacciones que no se corresponden con la realidad.

Inseguridad e inestabilidad emocional se presentan como una necesidad de amor, cuando en realidad, más que atención afectiva, precisan terapia a fin de no descargar en otros los conflictos que no fueron resueltos, generando agresividad y exigencia.

No es extraño que el desconocimiento del amor y de su finalidad en la existencia humana induzca a comportamientos esdrújulos, en los cuales la seguridad del afecto está en la programación de su perennidad.

Es común vivir el presente pensando en el futuro, deseando que ese presente no sufra ninguna modificación, como si la vida estuviese constituida por la reiteración de idénticos actos y de sentimientos de la misma calidad.

En otras oportunidades, los recuerdos de lo que se disfrutó en el pasado establecen falsas necesidades para que nuevamente se repitan, transformando el presente en un campo de batalla en continuo combate.

El hoy no puede ser como el ayer y ciertamente, no será igual al mañana. Cada época es portadora de sus manifestaciones específicas, que expresan los factores propios que la caracterizan.

El amor solamente es válido cuando se lo vive en el momento tal como se presenta, sin nostalgias por el pasado ni ansiedades por el futuro.

❖

A causa del egoísmo que predomina en la naturaleza humana, siempre se piensa en utilizar al amor como medio para retener a aquellos que deben avanzar, cortándole las alas del progreso, manteniéndolos en la retaguardia, aprisionados en las células estrechas de la pasión de que son objetos.

El amor no encarcela y siempre es feliz cuando libera.

Una separación, una ruptura de relaciones, por uno u otro motivo pueden ser dolorosas. No obstante, más grave es permanecer exigiéndole al otro que pierda su derecho a la felicidad según la concibe, a fin de volver victorioso a aquél que se le aferra sin ningún respeto, fijado en conflictos de posesión y de inseguridad.

El amor no retiene y siempre es favorable al progreso de aquél a quien se dirige.

Si alguien ya no puede permanecer vinculado a otro corazón, es necesario que siga adelante, llevando consigo los recuerdos felices, enriquecido con la gratitud por todo lo vivido, para continuar la relación, ahora bajo otras condiciones.

Una relación feliz no es aquella en la cual, necesariamente, existe un intercambio de naturaleza sexual. Aunque ese requisito exista a menudo y ayude a la plenitud de los sentimientos, tiene un carácter relativo, nunca absoluto entre los individuos.

El verdadero amor es amplio y generoso, jamás se vuelve mezquino y exigente, como si estuviera compuesto por una pasión salvaje.

Cuando alguien sigue adelante, no deja atrás a quien ama, que también debe avanzar. Solamente amplía el lazo de afectividad que ahora se expande en el rumbo al infinito.

Y cuando se trata de una ruptura de la afectividad, es que llegó el momento de que así sucediera, la cual no debe producir heridas en el sentimiento ni dejar una herencia de resentimientos.

Toda vez que alguien se muestra resentido por un amor no correspondido, es porque pretendía negociar el sentimiento – yo te amo para que me ames. Esa es una actitud equivocada, que no encuentra sustento en el amor.

Se puede amar a alguien y no sentir atracción de naturaleza sexual, lo que demuestra que no se ama una parte de la persona, sino a ella en sí misma, en forma total, sin distinciones.

La idea permanente de que el amor debe tener siempre un contenido erótico hace de él un tormento, porque al tratarse de un sentimiento superior de la vida, es abarcador y regocija; nunca produce aflicción.

Cuando parece haber generado desencanto y decepción, es porque no fue realmente vivido conforme correspondía. Quien así se siente, despreciado e infeliz, por no haber recibido lo que pensaba que merecía y por lo cual luchaba, en verdad no estableció un vínculo de amor profundo, sino que transfirió a otro sus deseos no realizados, sus ambiciones no vividas.

El amor irradia paz y siempre genera satisfacción física, emocional y psíquica.

Eleva al ser a la plenitud de los ideales, lo fortalece en las luchas que deberá emprender hasta alcanzar su meta, lo alegra en los momentos de soledad y permanece como un Sol brillando ante él, bello y atrayente, que lo ilumina y lo reconforta internamente.

El amor es el más vigoroso sustento que se conoce para la preservación de la vida humana.

Cuando Jesús recomendó el amor como condición esencial para la felicidad humana, estableció que era necesario volverlo amplio e irrestricto, de forma tal que se iniciase en uno mismo, se expandiera hasta el prójimo y se orientase en dirección a Dios.

Ese es el amor incondicional, sin límite, liberador.

Cuanto más se ama, tanto más dichoso se es.

El amor, por lo tanto, abarca todas las aspiraciones del ser inteligente que un día se rendirá ante él, totalmente feliz.

24

AUTENTICIDAD

El gran milagro llamado éxito, que surge del desarrollo intelecto-moral del ser humano, es descubrirse auténtico.

Después de las conductas que lo indujeron a usar las diferentes máscaras impuestas por las circunstancias temporales, llega el momento en que debe asumir definitivamente su autenticidad, la conciencia de sí mismo.

Preocupado siempre con la apariencia, el disimulo lo condujo por un largo sendero, que en ese momento era el de mejor acceso a sus objetivos, pero que ya no es necesario, frente al compromiso del encuentro consigo mismo.

Eso sucederá a medida que sea factible la reflexión en torno a los actos de forma coherente, sin disimulo ni castigo.

Descubrirse humano, pasible de errores y de aciertos, constituye un paso decisivo hacia la vivencia con autenticidad.

Ante la cantidad de conflictos que perturban el discernimiento que permite actuar con equilibrio o de modo utilitarista, se erige una coraza de defensa, a fin de mantenerse protegido de los acontecimientos y las personas consideradas agresivas o peligrosas.

El hábito de no tener dificultades durante la infancia, de determinadas coyunturas aflictivas en el hogar, crea bloqueos que impiden las relaciones saludables, la convivencia gratificante con otras personas, que luego predisponen al adulto a la defensiva.

Al aislarse, entorpece el sentido existencial y el significado de la vida, prolongando las horas que transcurren siempre bajo tensión, cuando podría vivirlas con total relajación y la confianza de que el mundo, finalmente, no es tan malo, a como la imaginación infantil lo había concebido.

Los mecanismos que le otorgaban la apariencia de persona gentil, generosa, protectora, salvadora de todos lo que se le acercasen, hicieron que siempre pensase primero en los otros en detrimento de sí mismo, produciendo con esa actitud amarguras y resentimientos que no fueron exteriorizados.

Como efecto de ese comportamiento que puede ser también una fuga de la realidad o una necesidad de compensación psicológica, de valorización del ego, la insatisfacción produjo falta de plenitud en torno a la existencia, que no fue vivida como era necesario: de modo placentero y esclarecedor.

El individuo es un ser especial, cada quien es único y sus experiencias son intransferibles.

Por ello, necesita valorarse a sí mismo con las medidas exactas de su realidad, evitando la exaltación, pero también la subestimación.

En este proceso de identificación de su autenticidad, es justo descubrir y aceptar que su lado oscuro, desconocido, existe y debe ser descubierto a fin de que pueda volverlo claro y hermoso. El hecho de ocultarlo, de ninguna manera impide que permanezca generando, muchas veces, situaciones embarazosas, perturbadoras.

En todas las naturalezas humanas existe el ángel y el demonio, en el concepto de la dualidad del bien y del mal, como resultado de las herencias del primitivismo —el demonio, el mal— con la sublime presencia del destino libertador – el ángel, el bien.

La tarea de la reencarnación consiste en trabajar el lado negativo, a fin de exaltar el lado virtuoso.

No debes vivir en la atormentada búsqueda del amor y del éxito, transformados en metas esenciales.

Imponte primero el compromiso de ser coherente contigo mismo, sellando tus actos con autenticidad, es decir, actuando siempre con corrección, permitiendo que el tiempo y las circunstancias te ofrezcan el momento de despertar interiormente hacia la armonía.

Muchas veces, lo que se define como amor es solamente interés por la permuta de sentimientos placenteros, que no compensa, porque siempre dejan ansiedad y falta de plenitud. De la misma forma, lo que se entiende por éxito, se presenta como triunfo exterior, aplausos y coronación de ambiciones, que marcan la intimidad con el vacío existencial.

El ser humano está destinado a la paz, a la superación de los conflictos remanentes de los períodos primarios por donde transitó, para que pueda aspirar a los ideales de iluminación y de libertad.

El amor le concede la realización de ese objetivo, y su éxito se encuentra en la satisfacción de poder amar sin ningún límite.

Mientras tanto, cuando se está empeñado en la realización de la autenticidad, surge un delicado claroscuro en el comportamiento, que consiste en saber distinguir cuándo se está siendo verdadero o cuándo se manifiesta en forma agresiva, grosera, exteriorizando los conflictos disfrazados de legitimidad.

Es muy común parecer auténtico, mediante conductas atormentadas y destituidas de gentileza.

No se trata aquí de decir a los otros todo lo que nos gusta expresar, sino de ser leal para consigo mismo, sin mostrar al prójimo la máscara del disimulo.

Develarse significa retirar el velo que cubre la realidad, pero en la medida de lo posible y en la ocasión apropiada.

La madurez psicológica de cada persona determina lo que resulta apropiado o no hacer para darse a conocer y ser identificado con los propósitos que abraza interiormente.

Lo ideal, por lo tanto, es que todos se revistan con sentimientos edificantes y cultiven aquellos que elevan moral e intelectualmente.

Por ello, con el pretexto de la autenticidad, no es lícito agredir al prójimo con palabras ásperas ni presentarse desprovisto de valores éticos, como si eso expresase humildad.

Todos poseen recursos extraordinarios, algunos no administrados aún, que deben ser desarrollados. Y en su momentánea ausencia, al no estar identificados, no deben ser motivo para disminuir la autoestima.

En cada etapa de la existencia se es portador de talentos propios que tipifican el desarrollo del Espíritu.

Ser fiel a sí mismo con total respeto por el otro, sin causar atropellos en los demás, ante el descubrimiento de los compromisos personales, es un método eficaz para ser auténtico.

En Jesús siempre tenemos el modelo único al que podemos recurrir para que nos sirva de parámetro.

Humilde, jamás escondió los sublimes predicados que adornaban Su ser. De igual modo, nunca traspasó lo límites, presentándose sumiso al Padre que Lo envió al mundo para que la luz sometiese a las sombras.

De esta manera, afirmó elocuente:

Yo soy la luz del mundo... Yo soy el pan de la vida... Yo soy el camino de la verdad y de la vida... Yo soy la vid... Yo soy la puerta...Mi paz os doy...

Auténtico y verdadero, en el momento final, ofreció al mundo la incomparable lección de la entrega total, afirmando:

Padre, en Tus manos entrego el Espíritu que soy...

25

NECESIDAD DE PACIENCIA

El alboroto que en la actualidad domina el comportamiento individual y colectivo es el causante de la prisa que desorienta a muchos seres dispuestos a nobles realizaciones.

La vida tiene su propio programa, que nadie puede alterar.

El automatismo vigente en los distintos segmentos de la sociedad, para simplificar el trabajo y ganar tiempo, hace que las personas se aflijan, inquietas, sin motivos reales, y las empujan hacia conductas ansiosas e irritantes.

Acostumbrados a tener prácticamente todo con sólo apretar un botón, desean que todo se encuentre al alcance de la mano, especialmente cuando la espera produce una expectativa angustiosa.

En consecuencia, no disponen de paz ni de confianza en torno a los acontecimientos, pensando que es posible hacer que se produzcan cuando les place, al antojo de sus intereses.

Sería lo mismo que acelerar la germinación de una semilla por medios artificiales o el desarrollo del feto abreviando el ciclo natural, en fin, modificando la estructura del orden y del equilibrio mediante el desconcierto que se le impone.

No hay tiempo para la paciencia, que es confundida con el embelesamiento.

La paciencia es un elemento esencial para la armonía y el equilibrio existenciales.

Siempre se está obligado a esperar, porque no todo puede ser resuelto cuando se desea.

En todo el Universo existe un orden que deriva del programa elaborado especialmente por la Conciencia Cósmica, que no puede ser dejado de lado.

Se dirá que la Ciencia y la Tecnología han alterado profundamente el comportamiento de las Leyes Universales, a medida que son identificadas y comprendidas. Sin ninguna duda, en algunas áreas así ha ocurrido, pero, no en relación con sus estructuras, sino con respecto a los fenómenos que ahora pueden ser comprendidos en sus causas, para evitar algunos y disminuir los efectos dañinos de otros. No obstante, la vida posee directrices que no pueden ser alteradas sin provocar graves perjuicios a la organización general.

La paciencia funciona como un mecanismo de confianza en el futuro, auxiliando en el análisis de los acontecimientos y en el aprendizaje que se obtiene en todas las circunstancias.

Frente a un examen médico complementario que requiere un tiempo determinado, tal como los análisis clínicos de laboratorio o biopsias de tejidos orgánicos, no hay cómo apresurar los resultados.

El período que media entre la presentación del material y el resultado, debe ser utilizado para fomentar bienestar, maduración psicológica, reflexión en torno a la existencia, en vez de generar nerviosismo y sus efectos, como la ansiedad, el insomnio, el malestar…

Cuando se adquiere confianza en Dios, todos los acontecimientos siguen su curso con naturalidad, sin extrapolar su dimensión ni alterar el comportamiento hacia los trastornos y la aflicción.

El individuo conciente sabe que sólo le sucede lo que es mejor para su desarrollo espiritual.

De ese modo, adopta la paciencia.

Armoniosamente, los astros gravitan en sus órbitas, obedeciendo el mandato del equilibrio cósmico.

La paciencia es la conducta que debe ser mantenida frente a todos los fenómenos, presentes o futuros.

Por muy grande que sea la ansiedad de alguien, no le será posible alterar el orden vigente en todas partes.

Si aprendemos a esperar con una actitud dinámica, que predispone a la realización interior, al uso enriquecedor del tiempo y la reflexión edificante, la vida se vuelve más próspera y bella.

Cuando acontece lo opuesto, se trabaja en favor del propio desequilibrio, mediante la irritabilidad y el desconcierto emocional que se establece, sin que sea posible alterar el ritmo de los acontecimientos.

Gracias a la paciencia y a la confianza en sí mismo, Thomas Edison realizó incontables experimentos para conseguir encender el filamento metálico que daría origen a la lámpara eléctrica. Cada vez que el experimento no conseguía el éxito esperado, en vez de irritarse, el científico comprobaba que había conseguido una nueva fórmula inadecuada para su objetivo. Y prosiguió infatigablemente hasta triunfar.

Ante los sinsabores, los infortunios, los conflictos que abundan en todas partes, la actitud correcta es la paciencia.

Quien aprende a esperar, manteniéndose dinámico y eficaz, consigue frutos de sabiduría y experimenta una realización personal intransferible.

Ese ejercicio debe ser mantenido en los diferentes períodos de la existencia humana, realizando cada actividad en su debido momento, con método, sin la prisa que es portadora de ansiedad y de aflicción, y sin la indiferencia que mata cualquier programa de elevación.

Saber esperar lo inevitable, por desagradable que sea, sin la carga de las expectativas dolorosas, constituye una forma de atenuar sus consecuencias angustiosas.

La mente, que aprende a razonar dentro de los parámetros de la armonía, produce mucho más que aquella que se disocia de los elementos prioritarios, perdiéndose en conjeturas desprovistas de significado.

Frente a ese programa equilibrado, las neuronas funcionan con más armonía y propician bienestar y lucidez.

Además, gracias al discernimiento que se mantiene claro, resulta posible encontrar caminos para solucionar los enfrentamientos y la estabilidad emocional necesaria, para la conducta que debe permanecer saludable.

Cuando se mantiene la paciencia frente a los pequeños contratiempos o desaciertos, repitiendo el intento tantas veces como sea necesario, con el mismo placer de la primera vez, la confianza y el respeto por sí mismo otorgan alegría de vivir y de luchar.

La paciencia es vital para que el éxito se produzca, y ello ocurre no sólo cuando se quiere, sino cuando es posible.

Jesús sabía que las personas de Su tiempo, aún primitivas, no estaban en condiciones de comprenderlo ni de amarlo.

A pesar de ello, emprendió el sublime apostolado de amor, sembrando en los Espíritus y en sus sentimientos la palabra de luz libertadora, para que, a través de los tiempos, pudieran madurar emocionalmente y asimilar el conocimiento de la inmortalidad y del Bien, que los capacitaría para la conquista del reino de los Cielos.

Puesto a prueba con frecuencia, en ningún momento se dejó vencer por la irritabilidad o por la rebeldía, preservando Su programa de compasión y de misericordia, en forma de educación y de benevolencia.

Nunca te olvides, por lo tanto, de la paciencia, frente a los desafíos de lo cotidiano, y aprende a confiar en Dios y en el valor del trabajo ordenado y continuo.

26

EJERCICIO DE COMPASIÓN

Muchos males serían evitados en el cosmos individual y en la familia social, si la compasión fuese una actitud prioritaria en las relaciones humanas.

El predominio del egoísmo y del orgullo en la conducta humana induce a las persona a la soberbia, haciendo que se considere intocable, por encima del bien y del mal...

Al reservar para sí derechos especiales, se considera acreedora de todo el respeto que le deben otorgar las demás personas, aunque se permita la licencia de actuar de manera especial, equivocada.

En consecuencia, se mantiene inaccesible, considerando que su invulnerabilidad le garantiza un *status* superior.

Cuando es sorprendida por los acontecimientos comunes en las relaciones humanas o cuando se siente agredida por la incomprensión de cualquier especie, se escuda en el rencor y se sumerge en la amargura.

No se le ocurre la posibilidad de ofrecer compasión al agresor, creyéndose justificada y cultiva sentimientos de enemistad que transforma en dardos mentales venenosos, que dispara contra el opositor.

A medida que el tiempo pasa, fijada en la presunción, acumula el morbo del resentimiento que contamina a todos los que se le acercan, cuando no consigue dirigirlo contra aquel a quien considera su enemigo.

Lamentablemente, en el transcurso de los días se envenena, perturbando las organizaciones emocional y física.

En ese ínterin, se manifiestan disturbios de diversas procedencias, como ser las de somatización o las de agresión a los órganos emocionales que sufren las altas cargas vibratorias de naturaleza tóxica.

Gracias a los clisés mentales que son elaborados, abre el campo mental a conexiones espirituales de bajo nivel moral, produciendo los graves fenómenos de obsesión de curso breve o prolongado.

No hay persona en la Tierra que no necesite recibir compasión y en consecuencia, perdonar.

Solamente cuando se disfruta el placer de estar libre del resentimiento mediante la concesión de la compasión y del perdón, se puede estar preparado para recibirlos.

La compasión es una terapia valiosa de carácter preventivo contra muchos males, y curativa en relación a los disturbios perjudiciales ya instalados.

A medida que el ser humano se eleva moralmente, abandonando el primitivismo de la venganza, y adopta el comportamiento afable de la compasión.

Cuanto más la concede, más feliz se siente, porque disfruta de la alegría de la conciencia en paz.

Mientras mantiene una actitud reaccionaria contra aquél que lo agravia y ofende, su estado interior se deteriora a causa de las emociones desordenadas que lo asaltan al optar por la venganza.

La compasión siempre es mejor para quien la ofrece.

❖

El árbol azotado por la tempestad que lo castiga, despedazándolo con crueldad, se compadece de su violencia, y reverdece para coronarse de flores.

Los metales que experimentan el fuego, se compadecen del calor intenso que los funde, para convertirse en productos útiles y adornos preciosos.

La tierra dañada por el invierno riguroso, se compadece del frío terrible que robó su vegetación, y vuelve a vestirse de vida y de colores.

La piedra despedazada por los explosivos y los instrumentos que la hieren, se compadece de la agresión, convirtiéndose en elemento seguro para la construcción y en el arte deslumbrante en las manos del artista.

El barro cocido en el horno ardiente, se compadece de la temperatura asfixiante, para tornarse un producto de gran utilidad.

Todas ellas son lecciones de compasión, que invitan a la renovación.

Una expresión de vida muere o una forma cambia, a fin de dar lugar a nuevas modalidades en la ininterrumpida sucesión del proceso transformador.

El flujo de la vida es incesante, enriquecedor.

El agua del río que pasa bajo un puente, puede retornar al mismo lugar en circunstancias y tiempos muy diferentes.

Así también son los fenómenos que suceden entre las personas.

Ante esa diversidad, cada cual ve el mundo de acuerdo a las lentes de su madurez psicológica, de su lucidez de conciencia, de su situación moral.

En consecuencia, no se puede esperar igualdad de conceptos y de conducta, con excepción de los que viven en los niveles más elevados de los sentimientos espirituales.

No obstante, muchos individuos que se sienten afligidos por los acontecimientos que forman parte de su desarrollo intelecto-moral, se esfuerzan por preservar los recuerdos del mal que padecen, cultivando las pasiones inferiores.

Sienten dificultad para compadecerse, para perdonar, porque no les interesa hacerlo ni se esfuerzan por ofrecerlo.

En esa etapa primaria, se deleitan cuando odian, cuando se sienten motivados para la venganza, cuando alguien no los comprende, porque de esa forma disponen de material favorable para el desagravio que esperan conseguir, complaciéndose en continuos tormentos.

La compasión es atributo de la evolución, que todos deben vivenciar a cualquier precio.

Cuanto más se la posterga, más difícil resulta practicarla.

Así, pues, es indispensable cultivarla en el pensamiento, sin darle valor a ningún tipo de mal, sin pasar recibo a la venganza, sin aceptar ofensas, luchando por mantenerse en un nivel mejor al de aquél en que se encuentra el otro, el infeliz que persigue y acusa.

Si consideramos que las demás personas se encuentran en proceso de desarrollo, marcadas aún por las herencias del primitivismo, como ocurre con casi todas, se torna más fácil otorgarles el derecho a equivocarse, a actuar de acuerdo a sus patrones morales, sin devolver mal por mal.

Cuando alguien ocupa sus vacíos existenciales con amarguras, pierde el contacto con la belleza, la realidad y el amor.

La amargura se aloja en su sentimiento y el pesimismo dirige sus aspiraciones.

La libertad interior es alcanzada mediante la ruptura de los eslabones del odio y del resentimiento a través de la compasión.

Quien utiliza la compasión rompe el vínculo con su verdugo. Mientras dura el sentimiento negativo, desgraciadamente, permanece el vínculo nefasto.

Compadécete pues sin ninguna restricción. Aquél que avanza en paz, sin amarras peligrosas con el pasado, es siempre feliz y saludable.

La salud integral es el resultado de innumerables factores, entre los cuales está la dádiva de la compasión.

Disputa la honra de ser quien concede la paz, extendiendo al agresor la mano de la benevolencia en solidaridad fraternal.

Paradigma del Ser ideal, en la cruz de la ignominia, Jesús se compadeció de Sus verdugos e intercedió ante Dios por ellos, suplicando que fuesen perdonados, porque no sabían lo que hacían.

Todo aquel que se complace en la práctica del mal, por cierto no sabe lo que hace. Si arroja su maldad contra ti, compadécete de él, mantente saludable y en paz.

27

ACEPTACIÓN

El ser humano, ante el instinto de conservación de la vida que predomina en él, se pone en guardia contra todo lo que se le presenta en forma de amenaza al bienestar, a la estabilidad de cualquier naturaleza, a su propia vida.

En consecuencia, se habitúa a las sensaciones del placer y de la sensualidad, luchando tenazmente para preservarlas, incluso cuando es invitado a las emociones superiores.

Ante los acontecimientos imprevistos o que resultan de los fenómenos existenciales, inevitables en todos los procesos de desarrollo, se resiste a aceptarlos.

Normalmente se perturba, reaccionando con ira y rabia cuando enfrenta problemas, creyendo que lo que le sucede es injusto, complicando aún más su situación.

A veces, la rebeldía es tan grave, que opta por las conductas desesperadas para evitar la angustia, padeciendo trastornos que se suman al desánimo ya existente y generan situaciones mucho más difíciles de soportar.

En otras circunstancias, adopta la rebeldía suprema e interrumpe el curso de su vida física a través del lamentable suicidio, complicando mucho más la vida que debería cuidar.

La existencia carnal es una experiencia de breve duración y que se extiende desde el momento del nacimiento hasta la muerte.

La vida, en cambio, no se limita a ese fenómeno orgánico, porque es portadora de un contenido eterno.

Por lo tanto, son valiosas todas las experiencias de la trayectoria física, que se transforman en lecciones de sabiduría para tornar más fácil la ascensión del Espíritu.

Todo cuanto constituye infelicidad, desventura o acción mortificante, no sólo se reviste de fundamentos morales necesarios, que exigen la regularización de las obligaciones impuestas, sino también representan métodos eficaces de educación para traspasar los límites en los que se encuentra el ser.

Al mismo tiempo, considerando que forman parte de la escuela terrestre, a todos les sucede en mayor o menor medida, de acuerdo a la situación espiritual de cada uno, siendo incontables sus circunstancias y sus procedimientos.

Además, el sufrimiento es un acontecimiento presente en todas las formas vivas, que permite adquirir una más amplia sensibilidad y un nivel de conciencia más elevado.

Quien no experimenta el martillo de la aflicción, desconoce el modo más seguro de la ascensión.

En las fases primarias de la evolución, el dolor se presenta como deterioro de la forma, en el proceso vegetal y animal, donde el principio espiritual despliega los valores que duermen latentes, obteniendo complejidad.

En el ser humano, gracias a la razón, a la percepción emocional, se presenta en las sensaciones físicas y morales, que son consideradas como dolor y sufrimiento.

La aceptación conciente y tácita de esos acontecimientos, es la actitud más correcta, que debe ser tomada, para modificar el comportamiento, ayudando al ser en su crecimiento espiritual.

❖

Enfermedades mortificantes y degenerativas constituyen un destino doloroso para el ser humano.

Todos las experimentan, teniendo en cuenta la organización celular en la cual deambulan.

Son el resultado del uso incorrecto del organismo durante el curso de la actual vida o en existencias pasadas. Al mismo tiempo, constituyen un recurso terapéutico valioso para el Espíritu deudor.

Son muchos los que se rebelan frente a tales acontecimientos, como si fueran los únicos visitados por la desorganización de los tejidos físicos.

Todos los seres humanos están sujetos a las mismas contingencias, pues no hay ninguna excepción en las Divinas Leyes.

El cuerpo, pese a ser, poseedor de resistencias para enfrentar circunstancias agresivas y desfavorables, fuertes desafíos, es al mismo tiempo frágil y susceptible de sufrir disturbios microbianos así como trastornos emocionales que lo vencen.

La mente, mientras tanto, que debe dirigirlo, posee los recursos que lo preservan, que lo recuperan, y lo mantienen, cuando está bien dirigida, especialmente en relación a esas finalidades.

Accidentes lamentables y trágicos, desastres financieros y tormentos afectivos, que son comunes, sorprenden a aquellos que los sufren, trastornándolos profundamente.

Son tan naturales que no deberían causar espanto ni desesperación, lo cual depende, naturalmente, de la visión que se tiene del mundo, al notar que aquello que sucede al otro, en determinado momento podrá sucederle también a uno.

La rebeldía, frente a esos tormentos, solamente empeora el estado interior y desequilibra las reservas de fuerza que deberían ser canalizadas para su superación.

La aceptación de esos hechos angustiantes, sin duda, pero normales, constituye el mejor recurso para atenuarlos y lograr que sean mejor administrados por la conciencia.

La aceptación de lo trágico, lo desagradable, no equivale a una forma de indiferencia ante su realidad. Más bien, se trata de una postura dinámica y renovadora, conciente y vigorosa, que permite mantener el vehículo existencial en el camino del deber, prosiguiendo en dirección a la meta a conquistar.

Si alguien se debate en la enfermedad, aceptarla es cuidarse, respetando la programación establecida por el médico, luchando para disminuir los daños e incluso para superarla.

En vez de reaccionar con amargura, aceptar el hecho, y velar por su superación, es el único comportamiento saludable a adoptar.

El mismo comportamiento debe ser adoptado ante cualquier otra contingencia dañina, modificando su estructura mediante la certeza de la finalidad de la vida y el deber de proseguir hasta el fin, disfrutando de cada momento lo mejor que se pueda extraer de él.

No temer al infortunio ni al fracaso, que son fatalidades evolutivas de la existencia, constituye una terapia valiosa, estén o no instalados en procesos purificadores.

La aceptación de la vida y de sus métodos es el procedimiento más viable y productivo que el hombre y la mujer inteligentes deben permitirse.

La rebeldía también se encuentra en la actitud y la postura humana frente al fenómeno biológico de la muerte.

Aunque todos sepan que morir es inevitable, temen pensar en la llegada de la muerte y evitan considerar que, a medida que pasa el tiempo, más próxima está la hora en que ese fenómeno biológico ocurrirá.

Esto no solamente ocurre en relación con aquel que morirá, sino también con los familiares y afectos, que se desorientan, y hunden en la desolación o son empujados hacia situaciones de delirante agresividad.

La aceptación es el resultado de un análisis tranquilo de lo que sucede, en calma, para dejarse conducir por Dios, que lo gobierna todo con inefable amor.

28

EL MARTIRIO DEL MIEDO

La vida moderna, con todas sus complejidades, puede ser considerada como portadora del martirio del miedo.

El ser humano, pese a haberse enriquecido por las valiosas intervenciones de la Ciencia y la Tecnología, conquistando cada vez más espacio y penetrando profundamente en el milagro de las micro-partículas, en vez de presentar un coeficiente superior de armonía y felicidad, padece circunstancias imponderables en su mundo íntimo, que se expresan o se encubren con las formas del miedo.

En la Tierra, se vive la dictadura del miedo.

No solamente por las barbaries del terrorismo internacional, las monstruosas guerras, las epidemias destructivas, los desastres naturales o de los vehículos motorizados, sino también y principalmente, a causa de los innumerables conflictos que no han sido detectados ni resueltos con seguridad.

El miedo, sin embargo, es un fenómeno normal en la vida, cuando se está frente a lo desconocido o con la expectativa de algún resultado, como fruto de la inseguridad emocional.

Al no amar como debería hacerlo, el individuo opta por la fuga a través del miedo a los desafíos que le pueden ofrecer equilibrio y paz.

Aturdido por conflictos psicológicos, se permite el miedo como una actitud protectora de disgustos o incomprensiones, acuartelándose en sus sombras, sin vivir en plenitud, evitando las experiencias que pueden contribuir en favor de su realización íntima.

En consecuencia, huye de todos, aunque se mantenga locuaz y parlanchín, en apariencia extrovertido, pero sufriendo, la presión perturbadora de la baja autoestima y valorización personal.

El miedo inhibe las bellas floraciones de la amistad y de los ideales superiores de la vida, que dan sentido y significado existencial al ser.

Se tiene miedo de amar, creyendo en la posibilidad de la traición o el abandono, de los intereses ocultos o la simple necesidad de compañía, eligiendo la soledad o el acompañamiento de personas descartables, con las cuales no se establecen lazos de afecto real.

En un análisis profundo, las raíces de ese miedo vergonzoso se encuentran en la idea de la muerte como destrucción de la vida o en las connotaciones teológicas con respecto al adormecimiento que perdura hasta el momento del Juicio Final, cuando se produciría la selección definitiva de los Espíritus...

De ello resulta, el temor a la muerte, que se amplía en otras formas de recelo, dominando multitudes atemorizadas e infelices.

Mientras tanto, el amor es el gran antídoto para el miedo.

Cuando se aprende a amar, naturalmente se desarrolla confianza, y la alegría de la convivencia se hace natural, ampliando los sentimientos de legítimo afecto, que combaten las sombras de la duda, de los recelos injustificados, de los miedos que muchas veces se vuelven patológicos.

Si optamos por el miedo, la vida pierde sentido y el individuo se marchita por la falta de espontaneidad para vivir y realizarse.

En ese caso, posterga las realizaciones que pueden beneficiarlo, siempre bajo el estigma del miedo al fracaso, como si toda actividad, necesariamente tuviera que ser coronada con el éxito inmediato, en los primeros intentos de su realización. La falta de éxito es la experiencia que enseña a no intentar nuevamente la labor con el mismo esquema que originó el fracaso.

De ese modo, se atraviesan los bellos períodos de la infancia, la juventud y la edad adulta cultivando el miedo absurdo, para luego darse cuenta de que se perdieron los mejores años de la vida, cuando la vejez aparece y la oportunidad no tiene más retorno.

La elección del amor expulsa de los espacios emocionales el martirio del miedo.

❖

Se tiene miedo de perder el empleo, como si no hubiera otras experiencias estimulantes, nuevas posibilidades de recomenzar y de realizarse.

Se teme la pérdida de los amigos y de los afectos, atormentándose con temores emocionales absurdos, negándose, en realidad, a comunicarse, a entregarse confiado a la respuesta del amor.

Si por acaso, personas de nuestra relación se alejan, esto no puede constituir motivo de preocupación, en la medida que no seamos responsables, porque otras llegarán y ocuparán el vacío existente.

Se teme a la instalación de enfermedades en el organismo, olvidando que la salud es el estado natural de la vida humana, y que esos accidentes del camino, en el cuerpo físico, son perfectamente subsanables. Incluso cuando se presentan irreversibles y fatales, se puede vivir plenamente cada momento, ya que todo en la Tierra es de duración efímera.

Lo que importa no es la cantidad de años que se puede disfrutar en el cuerpo, sino la calidad de las experiencias y emociones que se viven durante el período en que se está hospedado en él.

Se detesta la muerte personal y la de los seres queridos, como si la materia no fuese corruptible y transitoria.

Bajo otro aspecto, la muerte constituye una verdadera bendición, porque otorga la liberación de un sufrimiento doloroso, amplía los horizontes de la inmortalidad, proporciona recuerdos inolvidables y porque da la oportunidad a futuros reencuentros aureolados de paz y de eternidad.

En vista de ese comportamiento, se tiene miedo de la vida, de los nuevos cometidos, de las realizaciones no intentadas antes.

La imaginación atormentada es responsable por esa visión distorsionada en torno a la realidad, que debe ser inundada de nuevas ideas y de esperanzas alentadoras.

El ser humano se encuentra en el proceso de la evolución para ser feliz.

Las herencias negativas que se manifiestan como miedo -gravámenes de la actual existencia o conciencia de culpa de otras ya pasadas- deben ser enfrentadas con valor moral, cambiando la estructura de su presentación. Vencida una etapa, otra se supera de inmediato, proporcionando la inefable alegría del avance por los nuevos rumbos llenos de luz, que eran vistos como sombras atemorizantes.

El miedo está instalado más en la mente que en la realidad. Cuanto más se lo cultiva, más terrible se presenta, amenazando la delicada estructura emocional del individuo, que sufrirá disturbios en su funcionamiento.

Cuando el miedo se apodera de la mente y el sentimiento, reflexiona que aún estás en el mundo físico para triunfar, y solamente conseguirás ese objetivo si enfrentas sin miedo las consecuencias de las luchas. Aquel que teme los combates, ya perdió una gran parte de la victoria en la batalla que un día será entablada, por más que se la quiera evitar.

Frente a los desafíos que la vida te propone y los recelos que te impiden dar el paso decisivo, ora y actúa, convencido de que nunca estarás a solas en la realización de un programa de dignificación humana.

Por último, si la situación se presentara perversa y sin una salida libertadora, considera con alegría: ¡¿qué mal puede sucederte, si solamente él alcanzará al cuerpo frágil, dándole ocasión al Espíritu inmortal de avanzar totalmente libre en dirección a la Gran Luz?!

...¡No temas nunca!

29

Plenitud de la Vida

El ser querido, que la muerte nos arrebató, no se extinguió con ella, prosiguió su camino en otra dimensión, de acuerdo a sus conquistas morales y espirituales.

En realidad, la muerte es la puerta que se abre para conducirnos a la vida plena, donde palpitan, indestructibles, los tesoros incomparables de la Eternidad.

Inmediatamente después del deceso mortal, no sobreviene el enfrentamiento con los demonios representativos del Infierno mitológico ni con los querubines jubilosos que trasladan el Espíritu a los Cielos.

En cambio, tiene lugar el encuentro con la conciencia que despierta al análisis del comportamiento vivido en relación con aquél que debería haber sido experimentado.

Los primeros días después de la desencarnación, el Espíritu generalmente permanece adormecido, de modo que, al despertar, enfrenta la realidad en la cual se encuentra a partir de ese momento…

Sin embargo, no existen dos desencarnaciones y reconquistas de conciencia que sean iguales. Cada ser es un cosmos personal, diferente de los demás, que vive emociones y aspiraciones compatibles con su nivel de evolución.

De esa forma, cada cual despierta en el Más Allá de acuerdo al modo como se adormeció bajo el anestésico de la muerte.

Quien transformó la existencia terrena en un bendecido aprendizaje, recogerá los frutos sazonados de la alegría y de la incesante renovación hacia el Bien. Mientras tanto, aquel que utilizó el campo de la experiencia física para la sensualidad y el placer, la práctica del mal y de la perturbación, recogerá los escollos que fueron dejados en la retaguardia y que lo invitarán a profundas reflexiones.

Nadie tiene derecho a disfrutar de una felicidad que no haya edificado y de la misma forma, solamente padecerá los sufrimientos a que se haga acreedor.

La Justicia Divina emerge soberana en todo y cualquier lugar.

La Tierra es un bendecido hogar-escuela donde los Espíritus desarrollan los valores inapreciables del proceso evolutivo.

Cada experiencia constituye una significativa lección que se graba en lo más profundo del ser, y que lo conducirá orientándolo para nuevas conquistas.

Es por ello que todo esfuerzo que sea desarrollado en favor de la iluminación íntima y la solidaridad en relación con el prójimo debe ser empleado, de manera que la trayectoria humana se transforme en un hermoso campo de nobles realizaciones.

La vida física pasa transitoria y vertiginosa, conduciendo al Espíritu al Gran Hogar donde se originó, con los tesoros positivos y negativos que haya almacenado.

Serán ello los que tendrán el significado real después de la muerte orgánica.

De ese modo, el tránsito por el cuerpo físico es un viaje inevitable hacia la muerte, hacia la supervivencia.

❖

Es natural que sufras la nostalgia de aquél a quien amas y partió de la Tierra rumbo a la Inmortalidad.

Sin embargo, no te desesperes pensando que no compartirás más su convivencia, su afectividad, su relación bendecida.

En vez de dejarte llevar por la desesperación, cálmate y envuelve al ser querido en recuerdos felices, dirigiéndole pensamientos edificantes y oraciones de consuelo. Él recibirá tus vibraciones de paz y de amor que lo reconfortarán, disminuyendo también las angustias por el viaje realizado, y lo dolores que, por acaso, experimente.

Luego, cuando le sea posible, volverá a visitarte, envolviéndote en ternura y gratitud.

Nunca pienses en la muerte en términos de destrucción y aniquilamiento.

En la naturaleza, todo muere para resurgir, para transformarse. ¿Por qué el ser humano debería desaparecer?

Si no lo vez, eso no significa su desintegración, considerando que la mayoría de todo aquello en que crees es invisible a los ojos, pero que, captado por instrumentos especiales, se convierte en realidad palpable. Lo mismo ocurre con los llamados muertos, que pueden ser vistos, oídos, sentidos y revelados a través del instrumento mediúmnico.

Si no dispones de la facultad ostensiva, posees sentimientos que te proporcionan la captación de los pensamientos y los sentimientos de ellos.

Se deseas comunicarte con el ser querido que desencarnó, haz silencio interior y lo percibirás, mitigando de esta manera los dolores de la aflicción de ambos con el bálsamo de la alegría y de la esperanza del reencuentro.

Gracias a la mediumnidad dignificada por Jesús, hoy es posible mantenerse en contacto directo con aquel que partió en forma anticipada rumbo a la Vida plena.

Mientras tanto, es necesario averiguar cuáles son sus condiciones morales, emocionales y espirituales, a fin de que la comunicación se presente rica en bendiciones, signada por la felicidad y como estímulo para el avance hacia el futuro.

Siendo así, la muerte no consigue transformar a aquel a quien arrebata. Cada uno viaja con el equipaje que reúne durante la jornada física y de la que se hace acreedor.

Mientras el manto de la tristeza te envuelve con su angustia y dolor, apártalo con las vibraciones sublimes de la oración y los pensamientos elevados que el amor inspira, en la certeza de que más tarde, cuando tu trayectoria haya terminado, viajarás al encuentro de aquél por quien ahora lloras.

Entonces, vive de tal forma que al liberarte de las amarras de la carne, tengas acceso a la lucidez y puedas disfrutar del beneplácito del amor de quien te aguardará con alegría en el corazón y en el alma.

Muchas veces, el Amigo de los desamparados se refirió a la gloria de la inmortalidad, al Reino de los Cielos, estimulando a Sus oyentes a la renuncia de las pasiones y las malas inclinaciones que enmarañan en los tejidos esclavizantes.

Jesús anunció Su propia muerte, enseñando que había venido para que todos tuviésemos vida en abundancia y para demostrar la gloria excelsa de la Vida.

Y cuando fue invitado al testimonio máximo, dando la Suya por la vida de aquellos a quienes ama, a través de la flagelación dilacerante y cruel, para terminar con la muerte, retornó luego en la madrugada de la Inmortalidad, cuando resucitó iluminado y triunfante de la tumba, confirmando Sus palabras y promesas, para iniciar de ese modo la Era nueva de la felicidad que no se interrumpe con la muerte.

Nunca te olvides, pues, de la resurrección que solamente podrá darse, luego de la desencarnación.

30

JESÚS, EL LIBERTADOR

En Israel había una gran expectativa: se aguardaba ansiosamente la llegada del Mesías anunciado.

La voz de los profetas, que se habían silenciado hacía algunos siglos, no alteró las noticias de que Jehová enviaría al Libertador de Su pueblo en el momento adecuado.

La exagerada presunción, que había elegido como hijos de Dios solamente a los judíos, continuaba en la arrogante conducta de aquellos que esperaban recibir el privilegio de los Cielos en detrimento de toda la Humanidad.

Su llegada se describía como el momento máximo en la historia de la nación, muchas veces esclavizada por otras más poderosas, que entonces se inclinarían humilladas ante la grandeza de la raza escogida por su fidelidad y devoción a los divinos códigos.

Se presentía el momento de la liberación, especialmente en aquellos días en que el Imperio Romano deshonraba sus tradiciones y su libertad, destruyendo sus ideales de independencia.

Se percibía que ese era el momento, y que en cualquier instante las marcas de identificación señalarían al Escogido.

Los sufrimientos vividos en el pasado en Babilonia, en Egipto y en otros crueles lugares, no habían sido olvidados. Aunque la violencia continuaba y la miseria asediaba sus vidas, atontándolas y diezmándolas, porque los despojaban de todo: -inclusive de los escasos recursos que poseían, a causa de los exorbitantes impuestos-, no consiguieron quitarles la esperanza que se obstinaba en permanecer en sus corazones.

Se creía, pues, que Él llegaría en medio del éxito mundano, rodeado de poder militar y de despotismo, para vengarse de las humillaciones y los sufrimientos que los Suyos habían experimentado a través de los tiempos.

Sentándose en el trono y gobernando con insolencia y perversidad, sólo a los que Le pertenecían les concedería compasión y bondad, ternura y amor, ofreciéndoles los reinos de la Tierra para que pudieran disfrutar el poder y la gloria tan anhelados.

Pero se olvidaban, de la transitoriedad de la vida física y del mandato de la muerte que a todos arrebata, transportándolos hacia la dimensión de la Inmortalidad.

Por más largos y placenteros que fueran los días de efusión y de orgullo que esperaban vivir, la fatalidad biológica los conduciría a la vejez, al desgaste, a la extenuación del cuerpo y al enfrentamiento con la Vida Eterna.

Pero Israel y sus hijos estaban interesados en el mundo, en los negocios de la ilusión, en las conquistas terrenas.

La amargura y el deseo de venganza cultivados durante muchos siglos, consiguieron diluir en la nada del discernimiento en torno a los valores reales de la existencia humana.

Solamente se consideraban los goces y la supremacía sobre los demás pueblos, sometiéndolos al talante de sus desordenadas ambiciones.

La ceguera del orgullo había envilecido los sentimientos del pueblo, sin dejar lugar para la reflexión ni para el amor fraternal.

❖

Él vino y no Lo aceptaron.

Esperaban a un vengador que aplastase a los enemigos, pero Él llegaba para conquistar a los que se habían transformado en sus adversarios.

Esperaban que fuera portador de la soberbia, arbitrario, y superior en crueldad a aquellos que odiaban, pero Él vivió el amor en todas sus facetas, demostrando que el Hijo de Dios es una lección viva de compasión y misericordia.

Debido a sus necesidades materiales, no podrían recibir al Embajador del Reino de Dios, que venía a instalar sus cimientos en la Tierra, para erigir el templo de la legítima fraternidad que debe reinar entre los seres humanos.

Al comienzo, antes de la ira contra Su persona, desearon tentarlo con los engaños farisaicos y sus dominios insensatos. Al no conseguirlo, se volvieron contra Él y Su mensaje, lo persiguieron con insistencia y lo amenazaron sin clemencia.

Él, sin embargo, permaneció incorruptible.

Su tranquilidad los desconcertaba, haciendo que arremetiesen enfurecidos contra las enseñanzas que trasmitía, intentando comprometerlo con algún concepto que lo pudiese incriminar, a fin de matarlo.

Empantanados en la presunción, el único sentido para la vida se centraba en la búsqueda del poder, el placer, la venganza contra los enemigos reales e imaginarios.

No es de extrañar que Jesús no representara para ellos el cumplimiento de las profecías.

Aunque el Suyo fue el mayor poder que la Tierra conociera jamás, los ambiciosos, que deseaban dominar el mundo, no estaban interesados en Su fuerza incomparable, soberana frente a los vientos y las olas del mar durante las tempestades o ante los disturbios de la mente, de la emoción y del cuerpo de los seres que Lo buscaban.

Envidiosos, como no pudieron negar Su grandeza, Lo acusaban de ser el emisario del Mal, vehículo satánico.

Jesús los compadecía y los exhortaba a la libertad espiritual, que es la verdadera, invitándolos a despertar a la realidad.

Pero los tóxicos del odio los había envenenado desde hacía mucho, y no había espacio mental ni emocional para el beneficio de la comprensión ni para la bendición de la paz.

Aún hoy Israel no Lo entiende.

Prosigue esperando a su Mesías dominador, bañándose de sangre y sacrificándose, mientras sus hijos se retuercen en reencarnaciones purificadoras y aflictivas a través de los siglos.

El amor, que es la solución para todos los problemas humanos y los conflictos que se abaten sobre la Tierra, aún no ha sido reconocido como el único recurso capaz de generar felicidad en los corazones.

Aquellos días tormentosos y otros muchos pasaron, mientras Jesús permanece como el libertador de conciencias, conduciéndolas rumbo a la plenitud.

❖

En esta Navidad, acuérdate de Él y entrégate a Él sin ninguna resistencia.

Él te llevará con seguridad en medio del valle de la muerte y por la noche oscura de las pasiones, señalándote el amanecer luminoso hacia donde te dirigirás, rumbo a la felicidad. ■

Este libro fue compuesto en fuente Adobe garamond.
Papel Off Set 75g - interior. Papel Cartón supremo 250g - tapa
Impresión y acabado.

Made in United States
North Haven, CT
25 June 2024

54062716R00112